僅以此書獻給深愛我的爸爸、媽媽！

因爲你們的愛，

才讓我有愛人的能力！

不只是說故事

喚醒孩子的內在力量

李苑芳◎著　顏銘儀◎繪

推薦序1

為愛朗讀

彰化縣原斗國中小國小部教師／**林怡辰**

闔上貓頭鷹親子教育協會創辦人李苑芳老師的《不只是說故事——喚醒孩子的內在力量》，不禁嘆息且讚嘆。

長期在教室中，看見的風貌和李老師相似，家庭教育遠遠比學校教育重要，沒有問題兒童，只有一群被問題環繞的孩子。但在這些不當行為之下，往往都是一個個心碎的故事，和盼不到家長關懷和愛的渴望。

在苑芳老師的文字之下，旁觀者清，呈現了一個個不同類型的孩子表現，生動和鉅細靡遺的對話中，彷彿看見眼前孩子的思考和模樣，這些故事就像苑芳老師說給孩子的故事一樣，清清淡淡有種魔力，讓人沉浸在故事中，想一個個繼續聽下去，每個故事沒有目的，不一定要我們思考什麼，也沒有非黑即白的結局，更多的是問題和不確定作結。留下的，卻是更深的思考。

特別喜歡苑芳老師和孩子之間的常常對話，對話裡有關心，老師會記得上次這個孩子怎麼了，說過了什麼，是長期的愛和陪伴。對話裡有好奇，沒有責備，只有好奇和包容，不帶評判，更多是讓孩子看見自己的美好；對話裡有好多書名和書籍的內容，吸引孩子的書，書籍也是媒介，藉由這些書籍，和孩子有共同討論的空間。對話裡包含太多太多，讀讀對話，發現李老師可以記得這麼多細節，那是因為，珍視眼前的孩子。

長期推動班級閱讀和親子閱讀，常常收到許多師長詢問：「讀完故事要不要問問題」、「共讀時間，小孩只喜歡爸媽讀，該怎麼轉換到孩子主動？」、「沒有閱讀習慣，怎麼培養？」、「孩子閱讀專注力不夠，怎麼改善？」、「怎麼從繪本進入到橋梁書？」……在這本書中，苑芳老師擔任說故事的貓頭鷹阿姨，常常面對的都是班級中最讓老師頭疼的孩子，但在故事的展開底下，卻看見一個個孩子充滿靈動的雙眼，著急的想要聽下一個故事。在這本書中，從選書、開展、尊重、述說、故事後的活動，甚至孩子不想聽、故意唱反調、直說無聊等等也都發生，但翻開此書，就可以看見貓頭鷹阿姨，如何用故事的魔力和對話，就輕易擄獲這群孩子的心，殷殷期盼下一次說故事的來臨，實在令人讚嘆！

為愛朗讀，書籍最後，還對高年級孩子朗讀少年小說、青春期孩子閱讀長篇故事，在小說中看見克制情緒和細節的推斷，孩子依舊興趣盎然，更在別人的生活故事中，省思並找到自己的思考。誰說只有低年級孩子愛聽故事？

故事魅力無遠弗屆，在孩子的閱讀路上，推薦這本《不只是說故事——喚醒孩子的內在力量》，看見愛與陪伴、感受閱讀的魔力！

推薦序2

朗讀與傾聽

臺東大學兒童文學研究所前所長／張子樟

在進入正題之前，先說一個真實的往事。一九九九年三月，我回威斯康辛大學兒童讀物中心研究歐美少年小說。某日，主任姬妮（Ginny）跟筆者說了一個真實故事。

朗讀故事

她的一位好友在中學教書，志願擔任中途輟學再返校學習的某個班的教學工作。這些學生的輟學原因多得說也說不清楚，家庭環境與個人學習能力可能是最主要的原因。這位老師面對的是一群個兒不小、一副不太理人模樣的中學生，固然其中有些學習速度十分緩慢，但也不欠缺資質優異的學生，只是學習熱忱差了些，又欠缺良好的引導。老師自有她的教學方式，雖然她有點擔心這種方式的效果。

她在每天上完預定的課程，總是留下十幾分鐘，念段文學作品給學生聽。這次她選用了賈利・波森（Gary Paulsen）的《手斧男孩》（Hatchet，這本少年小說曾獲紐伯瑞獎）。

故事情節頗為簡單。主角是十三歲男孩布萊恩。他親眼見到母親擁抱另一個男子，十分懊惱，心中常想這是否是他父母即將分手的主因。他乘坐一架小飛機去見在他處工作的父親。途中機師心臟病突發身亡，布萊恩只得設法讓飛機降落在一座湖上，再憑著母親送他的一把短斧與自己的智慧及巧思，一個人在荒野中度過五十四天後終於獲救。這段期間考驗了布萊恩的生存意志與精神毅力，同時讓他有機會沉思家人關係。最後，他回到母親身邊，學習了如何克服父親對家人的疏忽。故事極富戲劇性，不僅鋪陳人在大自然生存的堅忍毅力，同時展現了為人父母脆弱的一面。

這位老師不動聲色，每日緩慢而清楚的把這本作品逐頁朗讀。她一邊讀著，一邊靜觀學生的反應。剛開始時，其中一位學生什麼話也沒說，靜靜的坐在座位上，但部分肢體語言卻顯示出他的不耐煩與不屑。慢慢的，老師發現他在聽她的朗讀。兩個月下來，她念完了全書，主角布萊恩獲救了。她把書本闔上時，全班學生以掌聲表示謝意，這位學生突然站起來說：「老師，這是我一生中讀完的第一本書。」

朗讀與傾聽

每次我回想起這段故事時，我都會想起李苑芳老師。相較之後，我們發覺，上面故事中的女老師只是盡她的本職，嘗試以朗誦方式把孩子帶回書籍的美好世界，但不會深入探討每個學生的過往。李老師則除了基本的朗讀工作外，還想進一步挖掘每個故事裡的主角是如何陷入無法掙脫的空間，使他們愈陷愈深，終於無法脫身，乾脆擺出眼前的怪模怪樣，對抗他人的鄙視。他們都是現實畸型社會、學校和家庭的產品。李老師除了想以感人的故事來扭轉這些輟學孩子對其他孩子、甚至對自己父母的仇視心態。而這些不正常、甚至不堪回首的過往，完全是這個「笑貧不笑娼」、「白手起家」已經成為過去的畸形社會所造成的。如何設法使這些遭人鄙視、沒有未來的孩子卸下心防，細說他們的過往，則是屬於傾聽的層次了。

李老師的努力大家有目共睹，李老師知道利用這些故事來告訴讀者，這些故事的確發生在你我的左右，然而我們都應該隨時伸出援手，為這些不幸的孩子做些事，因為「沒有人是座孤島」。

推薦序3

孩子不是壞，只是不被理解

諮商心理師・暢銷作家／陳志恆

最近，我常陪女兒看卡通《哆啦A夢》。我小時候也看《哆啦A夢》的漫畫，當時就覺得胖虎老愛用拳頭大欺小，真是可惡。只是，為什麼胖虎這麼壞呢？

現在懂了，原來胖虎生長在一個暴力家庭中。他天不怕、地不怕，就怕那個動不動就痛打孩子的母親。很自然的，胖虎學到了透過暴力攻擊，可以解決任何問題，可以得到自己想要的。而大雄呢？心地善良卻懶惰頹廢，更不懂得保護自己。這樣的孩子在真實世界裡並不少見，他們常常是同學嘲弄的對象，也常常因為表現不佳而被師長責罵。

包括大雄在內，這些孩子是故意要如此消極嗎？不，他們也渴望可以把書讀好、受歡迎、有成就，只是，長久的挫敗讓他們學到自我價值低落；他們相信，努力振作也沒有，不如消極的一天過一天。孩子的惡，背後其實都是傷。只是，大人往往只看到表面的問題行為，卻沒能去理解他們內心裡的苦。

當我閱讀到此書中的每個篇章時，內心相當激動。作者是與孩子說故事的貓頭鷹媽媽，她是如此願意接納與接近孩子，幫每個孩子把「壞孩子」的標籤拿掉，真誠的與孩子互動。

書中描述貓頭鷹媽媽在對孩子說故事時，與孩子們的互動點滴。我腦中浮現的，是有時候受邀到學校或社福機構去帶青少年的小團體輔導活動。成員多是被師長「推薦」來的，常是班上或學校的問題人物，有些還大有來頭。

與這麼一群特別的孩子互動，實在困難。往往預先設計的課程活動，完全進行不下去。光要擺平孩子們的吵鬧、爭執和互相嗆聲，就用掉了大半時間。如果，我急著要改變他們，就會用更大的力道，去要求他們安靜，好好聽我說；這群孩子也會用更大的力道反撲，讓你沒輒。然而，我如果可以先安頓好自己，認清我的角色——當一個陪伴者，而非改造者；那麼，突然間，他們的心情就能被我聽見，我們開始有機會和平共處。

貓頭鷹媽媽對孩子說故事，不只是說故事，而是創造一個安全與接納的環境，讓每一個孩子都能被看見，內在狀態都能被充分理解。或許，不是故事本身打動了孩子，而是說故事者的態度，以及她營造出來的安全氛圍，讓孩子願意卸下心房。在這裡，孩子可以療癒自己，可以為自己充電；當然，也可以好好享受被關愛的感覺。

作者序

他們不是壞小孩！

《不只是說故事——喚醒孩子的內在力量》是我在一九九九年完成的著作（原書名《我是壞小孩？》），那是我在極心疼與不捨的心情之下完成的。書中的每一個孩子都是被大人貼上黑色的標籤，徘徊在社會規範與尺度邊緣的孩子；由於長期被大人或同儕排斥，造成他們經常以一些不當的言語或粗暴的行為來防衛自已，讓身旁的人深受攻擊、難堪。然而，在「說故事」這樣一個安全的環境下，孩子慢慢的卸下防衛的面具，所呈現出的面相是超乎我們想像之外的脆弱與自卑；幾乎在每一個負面行為的背後，都隱含著對「愛」大量的渴求！

這樣的經驗帶給我相當大的衝擊，在孩子身上讓我重新思考什麼才是孩子真正

的「內在世界」。它是有別於我們以成人的角度去認知、解釋的。如果我們窮極一生，只是站在大人的觀點去界定、分析孩子，實在是緣木求魚！

起初，我將說故事現場的互動經驗整理成一篇篇的文稿，希望記錄孩子們在彼此衝突中所呈現的心情故事。一九九六年十一月初，經與《兒童日報》陳映安小姐的幾次討論後，我以專欄方式一週一篇刊登出來，希望能提供一些經驗，給更多有意願參與這項有意義工作的成人們；直至《兒童日報》停辦，專欄也告一段落。之後，在當年擔任人本基金會刊物總編輯周聖心的邀約下，繼續在人本札記發表。最終，於台視文化公司結集成書。

這本書出版後，隔年我就創辦了「貓頭鷹親子教育協會」，二十多年來，我奔波於全臺各地，宣揚協會理念：每天為孩子朗讀故事，以期提升孩子的閱讀興趣和親子關係。十多年前，本書因版權到期而停止出版，鎮日困在協會繁複的工作的我，已無法分心為它另覓出路了。只是，這麼多年下來，大部分的成人，還是無法仔細的審視我們周遭的小孩，聆聽他們內心的話語，無論是書中的大人或孩子，至今仍在我們周遭一再出現；我的內心，不只一次的吶喊著：「這些孩子的聲音，需要再次被聽見啊！」

直到去年，幼獅文化公司林總編輯碧琪，誠懇的對我提出她的出書計畫——希望我將這二十多年的實務經驗，盡可能展現在讀者眼前，包括這本書在內的經驗。這令我雀躍不已，終於，書中這些被貼標籤的孩子，能有再次被理解的機會！

二十多年前的我，大都是用圖畫書為中、低年級的孩子進行說故事活動；成立協會數年，我發現學童不愛閱讀文字書，立刻改弦易轍，全面用文字書為低、中、高年級學生朗讀，讓孩子能邁入文字閱讀的領域，以期拓展視野。《不只是說故事——喚醒孩子的內在力量》我想分享的，不在說故事的素材，而是我與孩子們互動的歷程！

一九九六年，我無視四周反對聲浪，堅持推動「貓頭鷹校園說故事專案」時，感謝人本基金會給予我完全的支持與協助；更要感謝天母婦慈協會創辦人王旣懿女士，當我在推展「貓頭鷹親子教育協會」，遇到困境而陷入軟弱、無助的陰霾時，她總能即時伸出援手，陪著我度過一次又一次的難關！還有更多、更多，支持貓頭鷹的好友、志工們，因為有你們的陪伴與支持，我才能一路堅持下去！

另外，我要感謝我的丈夫和三個孩子們；我的么女——娃娃還是當年書中重要的參與者。二十多年前，這本書首次出版時，十歲的她，勇敢的承接了全書的插畫工作；她犧牲了許多遊戲、看卡通的時間，伏案疾「畫」，辛苦的完成一張張充滿童趣且緊扣內容的作品！還在我書寫的過程中，和我討論孩子內心的感受，並給我適時的意見，讓我的文字，得以盡可能的貼近孩子，展現在讀者面前。

這本書能重新增修問世，令我感恩不已，因為有你們的相挺，成就了這本書！更成就了「讓孩子愛上閱讀的祕訣——為孩子朗讀」這個大發現！

目錄

part 1

拆除孩子的情緒炸彈

part 2

找出孩子失序的「起因」

part 3

讀懂孩子的內心世界

part 6

引導大孩子主動思考與溝通

緣起

那天，提著兩樣青菜，匆匆忙穿過社區公園，趕著回家做晚飯。

眼角一掃，看到一個小男孩站在溜滑梯旁，嘴角斜叼著半根菸，抬起頭望著坐在溜滑梯上面的另一個男孩：「你要不要也來一顆？」鮮血般的汁液赫然從他的嘴角滲出；灰黃的「白制服上」閃過「五年三班」的字樣，心一驚，差點踩了個空，昏暗的天色催促著我的腳步，兩個孩子的談話逐漸遠去，烙在眼角的影像，卻怎麼也揮之不去。

剛才的我正興高采烈的從信誼基金會幼兒圖書館講完故事，揮別一群可愛的孩子，帶著滿懷的喜悅離開；沒想到，才一回頭，就猛然撞見社會關懷的死角！一桶冰水二話不說的灌頂直下，淋得我直打寒顫；內心忍不住大聲的吶喊：

「他們才是最需要照顧的孩子！」

「沒有人會帶他們去圖書館聽故事的！」

「妳應該去說故事給他們聽！」

隔天，我踏進孩子就讀學校的輔導室去說明心意，請他們找出幾個「比較令老師頭痛的小朋友」給我，我則利用早自習時間，每週一次為他們說故事。幾經協調終於拍板敲定，一群來自不同的班級，帶著不同問題的孩子們，和我一起在「故事」中度過無數晨光，在一個又一個「故事」的環扣之下，我們彼此也由全然的陌生到有如老友般的熟稔！其間曾經歷了多少驚心動魄的「戰火」、多少心酸無奈的「淚水」交雜在期間。

因為這個難得的經驗，讓我走出說故事的「溫室」——信誼基金會幼兒圖書館，開始接觸「不一樣」的孩子，甚至成立貓頭鷹親子教育協會，為資源較不足或較特殊的孩子們說故事；這之間，雖然，都是「說故事」，所得到的經驗，卻是截然不同；也因為這兩極化的體驗，讓我更了解到：父母對孩子的影響甚大，孩子所要的不多「只是你一個關愛的眼神」罷了！

part 1
拆除孩子的情緒炸彈

做孩子的朋友

一張張「要你好看！」的搗蛋臉，再加上圍繞四周、躍躍欲出的玩具，彷彿正準備對我展開嚴厲的挑戰一樣；在天翻地覆的首次接觸後，展開了我和孩子們這趟別開生面的「說故事之旅」……。

早上，抱著幾本精挑細選的圖畫書，帶著勇士的心情，昂首闊步的走進輔導室，開始我這一生中永難忘懷的經驗。

那時輔導主任拿出一串鑰匙，一邊聽著站在一旁的組長報告，一邊打開輔導室的大門，帶著歉意的微笑說：「不好意思，學校臨時有事，我得去開會，這些孩子就大概是一至三年級的學生，就交給妳囉，麻煩妳離開時把門關上。」我錯愕的望著主任的離去，幾個孩子一窩蜂的從門縫擠了進去，清冷的教室剎時被一群躍動的生命渲染得天翻地覆。自己雖然已有多年說故事的經驗，但那些幾乎都是「安全」且「被期待」的現場；不是有班級老師壓陣就是有家長相陪，大部分的孩子幾乎都是一臉期盼的仰著頭等我說故事。而今，眼前的孩子卻端出一張張「要你好看」的搗蛋臉。

環顧四周陳列著一排排的玩具，內心著實不安起來；果然，我還沒坐好位子，一個枕頭就「咻」的一聲，打中了一個正在把玩著金剛戰士的孩子。

「你幹嘛打我？」

「打你怎樣！」

一個緊緊的抱住金剛戰士，另一個握緊雙拳一副蓄勢待發的樣子！眼看著場面即將失控，我連忙起身拉住這兩位劍拔弩張的戰士。

「你們都很想玩它，是嗎？」兩人一致點頭。

「可是金剛戰士只有一個？」
「我先拿到的！」
「那又怎樣！」他手插著腰，高亢的聲音震耳欲聾。
「你也好想玩，對不對？」我努力維持平穩的音調。
「對啊！借人家玩一下又不會怎樣，小氣鬼！」
「小氣鬼又怎樣？我就是不給你玩，哼！」他一個轉身，立刻躲到輔導室的角落去，獨自把玩起戰利品來了；留下另一個兩手空空、血氣賁張的孩子。
「我們來聽故事，好嗎？」我沒等他追過去，立即蹲下撫著他的肩膀，擺出同一陣線的姿態。
「這個故事很好聽喔，我們到那兒去坐，我有好幾本好看的圖畫書，我們一起來看，好不好？」他停在原地，眼珠子轉呀轉的考量，我輕拍著他的背，暗示著「另闢疆土」的策略；他遲疑了一會兒，最後投給金剛戰士一臉不屑，邊跟著我走，邊回頭狠狠的瞪著那個占領者。
我立刻把握住這個機會，拿出《永遠吃不飽的貓》（注1）和《我最討厭你了》

（注2）這兩本書來，不疾不徐的撒開我的故事網；剛開始我的魚網只是淺淺的牽引住眼前的一、兩個小孩，但是隨著故事情節的發展，故事網愈布愈深，愈放愈遠，幾個背對著我們玩玩具的孩子們，也一次、兩次的頻頻回過頭來；最後在我那高低起伏並略帶神祕的音調下，逐漸的全都靠了過來；專注的眼神、沉醉的表情，一一浮現在他們的臉上，而上課鐘聲也在這時響起……。

「好好聽喔！」一個孩子低聲的嘆息著說。

誰說行為偏差的孩子，就沒辦法專心？

也許是他們專心的時間不夠長，也許是大人提供的「教案」太無趣？不過，反觀大人，是否曾經專心的聽完他們所說的話呢？

「下星期還要來聽故事嗎？」我低下頭去看著他們。

「要，要啊！」一點也不掩飾的熱情，慷慨的回報過來。

我握著那熱熱的小手，忍不住的說聲「謝謝！」今天，他們終於接受我了！

「做他們的朋友」的計畫，看起來好像已經成功的跨出第一步了。我期待將來「故事」可以成為我們之間不變的序曲，而「友誼」應該是我們即將共同演奏出的樂章！雖然，我並不清楚該在樂譜前填上什麼樣的調號會比較好；但是，我相信只要我留意的聆聽每個小節所發展出的語言，再在適當的位置前面機動性的加上個臨時的「＃」記號或是「b」記號，應該就能譜出一首首貼近人心的旋律了！

注1 《永遠吃不飽的貓》：遠流出版
注2 《我最討厭你了》：遠流出版

建立聽故事原則

「如果我不想聽故事，可不可以不要聽？」一雙帶著敵意的眼神，挑釁的試探著。所有的孩子們全屏住了呼吸，等著看「現出原形」後的故事阿姨會是什麼樣子？

坐在學校圖書館的「赤腳區」，回想著上次差點失控的驚險場面，自己不禁捏把冷汗，在複雜的環境之下，孩子的確較難專心；而今天是本週的另一個說故事時段，換了一個新的場所——學校的圖書館，迎接另一群新的小朋友，我希望會有個較好的開始。

環視著這個由矮書櫃隔出來的獨立空間，四周圍除了書以外還是書，這點令我安心不少；小朋友陸續的脫了鞋走進來，有的孩子帶著些許靦腆，有的則是一副大剌剌的酷相；我笑著招呼他們坐下。

「你們來聽故事的是吧？在等其他的小朋友來之前，我先讀一篇有趣的故事給你們聽好了。」

我選了一本趣味橫生的《拉拉與我》（注3），來引發他們的興趣並拉近我們之間的距離，讀著、讀著，小朋友漸漸的到齊了。

不知為何這一批的孩子，居然一動也不敢動的乖乖的坐著，完全迥異於前一次混亂的場面，想來可能是已被「某某重要人士」叮嚀過了吧？

既然如此，我就立刻闔上書本先自我介紹：

「我是貓頭鷹媽媽，最愛講故事給小朋友聽的貓頭鷹媽媽。」小朋友睜大著眼睛盯著我看。

「以後每星期的今天，我都會在這兒讀書給你們聽，我希望我們能成為好朋友。」我看到孩子狐疑的眼光。

「在我說故事以前；大家要不要先來說說看，你們對這個『說故事』活動有什麼樣的期待？」孩子們謹慎的不說一句話。

「不用怕，說說看！說什麼都可以，我不會罵人的。」

「如果我不想聽故事，可不可以不要聽？」一雙充滿敵意的眼睛突然跳出來，帶著挑釁的口吻說。

「可以。」我認真的回答。可是，環顧四周，一副副「騙誰！」的表情明白的寫在孩子們的臉上。

「只要你不去干擾別人，就可以；你可以安靜的看書或發呆，只要記得不要吵到其他想聽故事的人就好了，這樣你們同意嗎？」大家還來不及想清楚這句話的可靠性，剛才提問的孩子，兩腳一蹬的就躺了下去。

「貓頭鷹，妳看他！」試探性的告狀，孩子們等著看我「現出原形」。

「你喜歡躺著聽故事？」

「唔。」他愛理不理的漫應著。

「我想我們在聽故事的時候都是非常輕鬆自在，你是不是覺得躺著聽故事比較舒服？」

「嗯哼！」他把頭枕在手臂上，斜睨著我。我微微笑著不作聲，幾個小孩隨之跟著躺下。對於尚未和他們建立良善關係的我，此刻不宜提出過多的宣示。

「可是，如果會妨礙到別人或讓別人覺得不舒服時那就不行囉！」我幫自己留下幾步退路。

「還有，如果我在說故事的時候，你有話要說時，該怎麼辦？」我試圖建立一點遊戲規則。

「舉手說話。」大家異口同聲的回答。

「唔！但是我們若想要自由自在的說出彼此的想法，也是可以的；不過，因為我們都只有一雙耳朵，如果大家一起說話就會聽不見，所以得一個一個來，每次都要等別人說完了，我們再接著說，好嗎？」

在遊戲規則說清楚後，再繼續朗讀剛才尚未讀完的書；念著、念著，幾個躺在地上的孩子們先後的坐了起來，爬到我身邊來認真的聽著，生怕一個不注意便會遺漏掉哪個重要的環節。當故事中的主要角色出現時，我有時會故意去注視著身旁的某個孩子敘述著，好像他就是那個勇敢的小主角一樣；可是卻有一個小孩，每次我一把目光投向他，他就用力的揮著手，並且逃到另一個位子上去坐，好像怕被人誤認了他就是那個好孩子似的。

故事時間結束時，我拍拍他的手，感激的對他說：

「當我在說故事的時候，我發現你一直很專心，讓我覺得你真的很喜歡聽我念這個故事，謝謝你！你真好。」

他的下巴頂著衣領、眼睛眨呀眨的，掩不住的笑意在微微上揚的酒窩中泛開。

「下星期還來聽故事嗎？」

他紅著臉，一語不發的跑了出去……。

顯然，他還很不習慣在自己的身上被貼上這種「好孩子」的標籤；不過，這種新的標籤看起來的確比「壞孩子」貼切多了！

注3 《拉拉與我》：小魯出版

互動時需有彈性與包容

衝突發生時，兩隊人馬想盡辦法抓住弱點攻擊對方，隨著戰火愈演愈烈，雙方愈來愈膠著在「你輸我贏」時，瞬間忘了「所爲何來」？

當孩子們「呀」的一聲，一湧而進時，我就感到一股莫名的躁動漂浮在其中，原本平穩的心也隱約的波動了起來，似乎將要發生什麼問題一樣。

果然沒多久，四、五個孩子就聚在一旁，開始他們的小組會議，從竊竊私語到高談闊論，已經嚴重的影響到故事的進行。

剛開始，幾個坐在我身旁的孩子，不時的回過頭去斥喝他們。

「別吵！」可是，換來的總是更不屑的態度。

「今天要講的故事很棒，快點來聽喔！」我試著去招呼他們，卻每每敗在他們彼此間的默契，而在中間游離的孩子們，就隨著我和他們各使出的奇招異術，像是浪潮般的在這兩者之間衝過來、湧過去。

我和那些故意不聽故事的孩子們都血脈賁張、竭盡所能的相互較勁，誰也不甘示弱；當兩隊人馬戰火燃到最高點時，剎那間突然忘記了所為何來？在你來我往、搖旗吶喊的廝殺中，所在意的似乎只剩下「你贏我輸」這檔子事了……當我正準備再搖旗吶喊、重振雄風時，眼前突然浮起一個可笑的畫面，那就是：我和他們各起一個擂臺，兩邊拚命的嘶喊、叫陣，好像是哪一邊的人比較多，哪一邊就贏？

想到這兒，禁不住的「噗哧」一聲笑了出來，浪費了這麼多的精力，竟然忘了自己來「說故事」的主要目的——陪伴他們、做他們的朋友。

想到此，兩手一拍，闔上書本後，輕鬆的說：「好吧！今天就換你們來講。」那些孩子狐疑的看著我，似乎是不太敢相信，我這麼容易就把擂臺給拆了。

「你們既然想講話，就來講給大家聽好了，隨便說什麼都可以啦！」我端出一個笑臉，好好的解釋以安大家的心。

大家聽後全部解放似的大叫。

「我們大家一起來猜謎語啦！」

「說笑話好了！」立刻有一個孩子從中站了出來，興奮的走來走去，「我先來講一個笑話！」一說完就瞇起眼，彎著腰咯咯的笑起來了。

「好像很好笑的樣子喔！請你快點講吧！」我輕輕的推著他，他一下子成為大家的焦點。

「有一個爸爸叫豬八戒，媽媽叫神經病……」他斜著眼瞄了我一下，我全神貫注的聽著；「他們生了一個小孩子名字叫麻煩……」

孩子前俯後仰的大笑著，我靜靜的看著他，心疼著想著：

「明明是大人的心肝寶貝，為什麼要叫他『麻煩』？被叫『麻煩』的心情，會是多麼的難堪啊？」

他一連串用了許多不雅的字眼，似乎故意想挑起我的反彈。不過，我卻只是沉醉在有趣的情節，而沒有任何反應；漸漸的，那些字眼也就不再那樣的頻頻出現了。

孩子一個接一個的跑出來講著。

「哎呀！到底在講些什麼啊？都聽不懂。」有人開始不耐煩了。

我輕輕的摟摟他的肩，說：「好好笑耶，你注意聽聽看嘛！」我試著用我的專注來引導他，讓他試著學習如何聽別人說話。

整個場面在孩子興奮的參與中進行著，我輕鬆的聆聽他們童稚的聲音。此時，有沒有「說故事」，好像已經不是那麼重要了，比較重要的是：我是不是提供了一個讓孩子感受到被包容、被接納的安全王國，在這裡他們只是一群孩子，一群需要更多的愛與關懷的孩子。

突然，我想起昨夜看的棒球賽，當一個又快又旋的球迎面而來時，如果你手握的是支球棒，球必反彈得又高又遠；但你若戴上了又大又柔軟的手套，再強勁的球也能穩穩接住，不是嗎？

引導孩子自主與自律

如果，我們給孩子一個「期待」，我們可能會聽到一些「藉口」；如果，我們給孩子一句「責備」，我們可能會聽到一些「抱怨」；如果，我們給孩子許多「信任」，我們可能會看到孩子強而有力的「行動」。

當我在信誼基金會幼兒圖書館，面對著二至八歲的孩子說故事時，經常會營造一些機會，讓小聽眾們一起走入故事的時空，並發表他們的意見。此時場面經常是熱烈且有趣的，許多平常聽不到的想法，立刻像決堤般的這裡、那裡，一個接一個的迸出來。在場的家長們聽了不是瞠目結舌，就是笑翻了天，那應是我們最愉快的時刻！我非常喜歡那樣的互動方式，可以給孩子許多思考的自主性以及發表意見的勇氣。

而今在校園圖書館的一角，不同於信誼乖寶寶的對象，運用相同的鼓勵方式，會有什麼樣子的結果呢？

可能會有很多的假設，但是「擔心」應是最多的猜臆吧？不過我卻相信那會是對孩子最好的說故事方式。

剛開始孩子們拘泥於怕說錯話、怕被指正的舊有經驗裡，不太願意發表自己的想法或參與討論；因此，更多的鼓勵和讚美是必須的。

「對喔，噴火龍哪有錢去買祕笈，我怎麼都沒有想到呢？你的反應真快耶！」立即的回饋和反應，促使熱鬧的對話接踵而來，一個個的聲音在小小的嘴巴裡擠來擠去。

「哎喲！我的耳朵好痛喔！好多聲音都要進來，擠得我的耳膜都快破了。」我笑一笑說：「我聽到有人說青蛙跌到垃圾筒裡去了，那是怎麼一回事？」

孩子在愉快的引導下，慢慢的學習到什麼是「等待」。

有時性子一急又搶話進來，我會用眼神示意他：「等一等，我們先靜下來聽聽看別人說什麼？」

每當孩子在發言時，我一定會以非常專注的態度，認真的傾聽著，無論他在說什麼，我都將它視為非常重要的一句話。

我希望透過這樣的互動關係，讓孩子感受到「尊重」的意義。

團體的默契，往往是在交錯的對談中培養出來的，彼此的互信關係也在這之間逐漸的發展出來，因大家是以自由形式發言，孩子們可以自己去協調彼此間先後的次序。

這時候，如果大人能耐住性子在一旁觀察、等待，不要太干涉孩子的決定，他們就會在一次次的錯誤中找出一條可行的路。

站在一個成人的立場，把自主權還給孩子，不也是在提供他們另一種成長的學習環境嗎？

但是我們卻常常因為「不信任」而剝奪了孩子學習的機會，為孩子設定一套「最佳的」單一的方式，期待調教出相同規格的產品，以利於管理。而孩子也在動輒得咎的情況下，凡事只求避免犯錯，因「怕被罵」而裹足不前，成為一個十足被動的小孩。

導致我們如果給孩子一個「期待」，我們反而可能會得到許多「藉口」；當我們送孩子一句「責備」，孩子就可能會還給我們一些「抱怨」。可是，當我們將「信任」交給孩子時，孩子所回報給我們的，可能是一個強而有力的「行動」。

因此，為什麼我們不能讓孩子像森林中的小樹一樣的自由長大？

我們能不能只充分的給予陽光和水，讓他們自自然然的長成一棵棵獨特、雄偉的大樹！

因為，在飽受呵護、修剪的庭園中，是找不到任何一棵衝出雲霄的神木啊！

場面混亂的對話技巧

當一堆桑椹輕而易舉的攻占疆土時，如何心平氣和的讓那一顆顆生綠的桑椹，活蹦亂跳的走進故事隊伍之中，和孩子們一起共唱凱旋之歌！

這些日子，一波又一波的寒流來襲，早上要從被窩裡爬起，實是件痛苦的事；有好幾次想拜託孩子的爸送他們上學，自己繼續賴床做我的春秋大夢；但是只要一想到學校那群正在等著我去說故事的孩子們，就不由得心頭一熱，立刻跳了起來。

走進圖書館，看見館內阿姨正哈著氣、搓著雙手，我不禁露出會心的微笑；這種天氣，能捨得那床溫暖而走出家門的，實非尋常人也！哈哈！

將書抱在懷裡，心想著：這麼冷的天，會有幾個孩子來呢？不過，只要有孩子來就算是一個也照講不誤啊。

沒等多久就來了一些孩子，我們熱呼呼的打著招呼，嘴裡不停的吐出白霧。

「貓頭鷹，妳今天帶什麼書來？」我露出神祕的笑容，把書從懷裡抽出來，打開第一頁小朋友就「哇！」的驚呼一聲；精美的插圖，帶著我們一起遨遊書中世界。

突然，「碰！」小門迅速一推，一堆生綠的桑椹，隨著一個熟悉的身影，撒滿一地；在我還沒回過神以前，孩子們就一擁而上，爭先恐後的伸手去抓，有的拿著它湊近鼻子，用力的聞著，有的將它放在手掌心，仔細的瞧著。

「吃啊！很好吃的耶！」他抖去衣角的桑葉，撿起一顆桑椹，示範的丟進口中，津津有味的吃了起來。幾個小孩也有樣學樣吃起來了。

看來我的大勢已去，就隨著聽眾湊了過去。

「這是什麼東西？」我興致勃勃的問著。

他瞄了我一眼：「桑椹！」

「記得我小時候在鄉下吃過，滿好吃的；可是我吃的好像都是紅的耶！」

「這種綠色的也很好吃，酸酸的。」

怕酸的孩子皺著眉頭，說：「好難吃喔！」

「你從哪裡摘來的？」我好奇的問。

「學校的後花園。」所謂「識時務者為俊傑」，我決定乾脆把主題轉到「桑椹」上去，把自己徹底的拋到腦後。

「它的葉子，也可以吃嗎？」

「哎喲，那是給蠶寶寶吃的，怎麼連這個都不知道。」他還懂不少。

「為什麼滿地都是黑色的屑屑？」索性問個徹底。

「笨！那是它的種子。」

「你真厲害，什麼都知道。」他得意的笑笑。

「這些黑色的屑屑，留在這兒看起來很髒，恐怕圖書館阿姨會生氣，怎麼辦？」我發出求助的信息。

「我們會清乾淨的！」果然有老大的架勢，爽快的接招。

這時，有幾個孩子，又突然想到什麼似的，拉扯著我的衣服，說：「我們要聽故事啦！」我就帶著他們到一旁，繼續那未完的故事。

上課鐘聲響起時，在他的帶領之下，黑色屑屑已不見蹤影了；我滿意的拍拍他的肩膀說：「真夠意思，都清乾淨了，謝謝你。」

看看四周只剩下我們兩個，就壓著聲音問：「今天為什麼不聽故事？」

「我在生氣。」非常率直、坦白的回答。

「哦？」

「妳沒等我來就開始講。」

「所以你就去摘桑椹來？」他點點頭。

我恍然大悟的握住他的手，「其實你是很喜歡聽貓頭鷹講故事的？」

「嗯！」

「你在生氣我沒等你，因為你不希望漏掉前面的部分，對不對？」

「對！」我似乎看到他原本豎起的毛髮，逐漸的平順下來。

「那下星期一早一點來好嗎？」

他輕聲的說：「好。」

「那，下次見喔！」他揮揮手閃出門外；小小的背影，隱藏著多少對愛的強烈需求，而又有多少的成人，願意耐著性子去疼惜他？只因為「他不是個乖小孩」？

直球對決的溝通機智

虛張聲勢的孩子，內心往往是脆弱且期待大人的愛的。披著狼皮的孩子，正露著他猙獰的假象！你是憤而伐之？還是親切的迎向前去？

走進校門，老遠就看見一位義工媽媽站在圖書館前面，我揚一揚手中的書，走了過去。

「這本書妳拿去看看。」她翻了幾頁，就忍不住的笑了起來。

「好一個《頑皮公主不出嫁》（注4），今天孩子們不笑掉牙才怪！」於是，我帶著亢奮的心情，期待著孩子。

「小朋友，講故事嘍！」孩子一個個的挨在我身邊，小胖從後面竄出，硬是要坐在我面前；孩子們被擠得東倒西歪。

「幹嘛？」

「這是我的位子耶！」一個孩子大聲的抗議。

小胖倒豎雙眉，拳頭欲出。

「小胖，不可以打人！」我一把擋下。

「走開啦！」孩子們大叫著，合力的又把他擠了出去。

小胖發覺已引起眾怒，癟一癟嘴，從口袋不知道掏出了什麼東西，秀給兩、三個孩子看，一夥兒便退到一旁去玩了。

我挪挪身子，招呼著他們：「我這裡有位子可以坐。」沒人理我。

「嘿！我要開講嘍！你們不過來這兒坐嗎？」我伸長手扯扯他們的衣袖，總算爬回了一、兩個孩子；可是，我才剛清好喉嚨，他們就又回到小胖那邊去，自顧自的玩了起來。

喧嘩聲漸大，圖書館的阿姨皺著眉頭，走過來喝止，卻引發他們更多的反彈；當她正要再罵人時，我急忙阻止，且示意她讓我自行處理。我整理一下自己的情緒，伸展四肢後，便將自己投入故事之中，決定不再理會他們「要不要聽故事」這檔事了！

然而，生動又有趣的情節，再加上我誇張的肢體語言，場外的孩子逐一回籠，只留下小胖一人獨撐場面，他的怪聲不時的在故事的進行中出現；沒想到那些才剛開始聽故事的同伴們，突然回過頭，不耐的叱喝著：

「別吵！我們要聽故事！」

又有人罵道：「你回教室去啦！」

小胖寒著臉，隨手拔起地上的軟墊惡狠狠的往我身上丟，我伸手撥開；第二塊、第三塊接踵而來，他是在對我「宣戰」嗎？

「嘿！我不喜歡這樣。」但是，抗議無效。

「老兄，你想找我打架嗎？可以！不過，得等我講完故事，要打再到操場去打吧！」所有的孩子都氣呼呼的盯著他看；這時剛好走進一個晚來的孩子，小胖就拉著他到一旁去玩，不再吵鬧。

故事在一片笑聲中結束，小胖正準備穿鞋離去時：「嗨！別走，我有話跟你說。」我及時叫住他。

沒想到他卻拔腿就要跑，我一把抓住他，平心靜氣的對他說：

「我不會打你、也不會罵你；你不用害怕，我只想跟你說說話而已。」

「那妳把妳的手放開嘛！」他整個人不停的扭動著，試圖要掙脫出去。

「可是，我怕你會跑掉！我真的想跟你說話。」

「妳手放開，我不會跑的！」

「好哇！」我手一放，他立刻跑到矮櫃後面蹲下來。

我隔著矮櫃，看不到他；我趴在上面慢條斯理的問：

「今天的故事好聽嗎？」

矮櫃下傳來小小的聲音：

「嗯，好好笑喔！」我一揚眉，真好！他還是有在聽的。

「我猜，你一定不知道貓頭鷹很喜歡講故事給你聽。」沒有回答。

「我再猜，你也一定很喜歡聽貓頭鷹講故事吧？」

依舊沒有回答。

「告訴我，你最喜歡聽什麼故事，下次我特地說給你聽。」

矮櫃後露出了一對發亮的眼睛：「今天？」

「不，下個禮拜的今天。」

「嗯……」他抓抓頭髮，想半天。

「孫悟空好了！」

「可以，我下禮拜就講孫悟空的故事給你們聽，你會來聽嗎？」他綻開難得一見的笑容。

「會！」

「那，早點來喔！來聽我特別為你講的孫悟空。」

「我會的！」

我呼了一口氣，孩子總歸是孩子！如果我們不要急著幫他披上狼皮的外衣，在猙獰的假象之後，他其實是既軟弱且瘦小的啊！

注4　《頑皮公主不出嫁》：格林出版

給予肯定，不貼標籤

一個孩子會在什麼時候為自己貼上「壞小孩」標籤？為自己貼上「壞小孩」標籤時又是怎樣的心情？身為大人的我們，可否願意為孩子撕下如魔咒般的標籤？讓孩子得以重新認識自己。

一清早，圖書館門未開，我正在猶豫不知要去哪裡打發時間時，輔導主任迎面而來。

「走，到我辦公室去，我有事要和妳談。」我們兩人興致勃勃的討論著下學期的計畫並分享著這些日子以來的成果……。

「啊！時間到了。」我急急的說聲再見，抓了外套就衝出去了。

回到圖書館，已有幾個孩子坐在裡面，人手一書安靜的看著，這樣的場面倒是十分稀奇。我輕聲走了進去，坐在門口的孩子大聲的喊著：

「貓頭鷹來了！」

「吔！」

「小朋友，你們在看什麼呢？」

「腦筋急轉彎！」我坐在他們旁邊，拾起地上的書。

「那，今天我們不要講故事，來玩腦筋急轉彎好了！」

「哇！好棒！」大家搶著念出剛才讀到的難題，讓別人猜。沒多久，孩子就自行找出了先說後講的次序。出題的人，往往會在大家都掰不出來時，就忍不住的想要說出答案，卻屢遭旁人圍堵，最後決定，除非是大家都同意，才可破題。

這群平常被貼上「過動」標籤的孩子，此刻卻表現得既專注又主動，每個人都用心的想，努力的猜；那種鍥而不捨的精神，讓我十分感動。幾個認字不多的孩子，也不斷的捧著書來問我，吃力的念著生澀的國字給大家猜；他們念得很慢，但每次我都會大聲的說：

「對啊！你都念對了。」孩子們的臉上綻開著一朵朵天真燦爛的笑容，「學習」

原來也可以是如此有趣的啊！

這時，小宏喘著氣的跑了進來。

「怎麼，今天不講故事？」

「我們在玩腦筋急轉彎！」孩子興奮的回答。

「那我也要玩！」小宏翻著書，一屁股坐在大家的中間。

「哎！還沒輪到你耶！」

「排隊！」硬是沒有一個人要給他插隊。

「等我們講完再換你啦！」

不過，這位老兄可沒這般耐性；他雙腳一蹬便跳了起來，拿起塑膠椅子，四腳朝前的遊走於場內；我生怕那尖銳的椅腳會刮傷孩子的臉，一把搶下了椅子，他卻又找出小胖和他四處追打，我連忙按住小宏，讓他坐到我身邊來，想盡早平息這場混仗；不料，一本書突然凌空飛來，「啊喲！」的一聲叫，正中小宏的鼻子，兩行淚水直湧而出；小胖愣了一下，立刻抱住頭、弓著身竄到牆角去縮著，小宏寒著臉，緊握雙拳欺了過去。

我見大勢不妙，馬上追上去緊緊抱住小宏，說：

「小宏的鼻子好痛，心裡好氣喔！」

「我的鼻子流血了，我要揍死他！」說完，便摸一下鼻子，幸好沒流血，但是，他還是舉起腳來要踹人。

「放開我！放開我！我要揍死他！」他死命的在我懷裡掙扎。

「我不放手，因為我擔心你打人！」我更用力的抱著他。

「我就是要揍他！」露在外面的雙腳一前一後的踢著。

「你很生氣，所以想揍人。不過，我害怕他被你揍得真的流鼻血。」

「他活該！」他的怒氣絲毫未減；而躲在牆角的小胖卻一反常態的全不抵抗，一副任君處置的樣子；我一邊抓住拳打腳踢、歇斯底里瘋狂的小宏，一邊回過頭問：

「小胖，你是故意要用書丟小宏的鼻子嗎？」

「不是！我不是故意的！」

「小宏，他說他不是故意的。」小宏的身子依然用力的扭動著。

「小胖，你為什麼要用書丟他？」

「我以為他要打我，我想用書擋他！」

「當你的書打到小宏的鼻子時，你是不是嚇了一大跳？」

「嗯！」

「你看到他哭了，是不是覺得很難過？」

小胖眼眶紅紅的點頭。

「小宏，你願意原諒他嗎？」

「不要！」可是，緊繃的肌肉已然放鬆；在我確定小宏的情緒已較穩定時，我才慢慢的放開他，坐到小胖的面前，扶著他的肩膀慢慢的說：

「小胖，你心裡覺得好難過好後悔，對不對？」

「嗯。」

「你真是一個心地善良的好孩子。」

「亂講！」

「貓頭鷹常常騙人嗎？」

「沒有。」

「那你為什麼不相信你自己是個好孩子？」他抬起頭用疑惑的眼光看著我。

「如果小宏真的來揍你，你也不會還手，對不對？」

他低聲的說：「是啊，我不是故意要打他的，可是……」

我輕撫他的手臂，說：「本來也只是玩玩罷了，卻沒想到事情會變成這樣。」又說：「而善良的孩子，看到別人難過時，自己的心裡也會很難過的。」

他垂下眼簾，我拉起他的手，誠懇的問：「在貓頭鷹的眼裡，你真的是一個心地善良的好孩子，我想做你的好朋友，可以嗎？」

他默默的點點頭。這時，我不禁熱淚盈眶，這孩子是經過了什麼樣的傷害？讓我費盡了脣舌，也難以說服他相信自己「不壞」？

part 2

找出孩子失序的「起因」

重視孩子的成長需求

在童話故事中有一種動物叫貓頭鷹，牠深具智慧，即使在漆黑的深夜，牠依然能看清事情的眞相，幫小動物們解決困難；身爲成人的我們，有沒有這樣的智慧：不被牆角的陰影，模糊了我們的視線、錯看了我們身邊的小孩？

這兩天，在家裡重新閱讀《西遊記》一書，並努力的思考著，要用什麼方式呈現給孩子？要如何說，才能緊緊扣住那群活動量頗大的孩子的心？

一大早，小平從圖書館的門口悠哉悠哉的晃蕩進來。

「小平，不要走來走去，坐下來看書。」一位挽著髮髻，衣著高貴、氣質不凡的媽媽站在赤腳區外，隔著矮櫃，皺著眉瞪著小平。

「妳好，妳是小平的媽媽吧？」她帶著狐疑的目光打量著我。

「我是在學校講故事的貓頭鷹。」

她禮貌的點點頭，便又回頭去盯著小平。

「到書架上去拿書來看，不要走來走去！」

「我要到那邊去看書！」

「不要走來走去，乖乖坐好看書！」她的口氣十分不耐。

我突然想到上次小平的導師說：「小平是個過動兒，而他母親因為怕他惹禍，所以每天都刻意很晚才帶他來上學。」可是，我現在看到的小平並沒犯什麼錯，只是無聊的走來走去，大人就緊張的念起「緊箍咒」，急於鎮住他們心中的「孫悟空」。

「小平媽媽，小平他很喜歡聽故事耶！」我試圖找些話題搭訕。

她卻淡淡的說：「我知道，他每天都得聽『故事帶』才能睡覺。」

「我每次講故事時，他都緊緊的靠在我身邊聽；我想孩子會比較喜歡聽媽媽親自講故事吧？」我偷瞄了她一下，沒有不悅的神情，便又大膽的進攻：「可以每天晚上說一個故事給他聽嗎？」

她不假思索的立刻抗拒：「我沒空！」

我露出驚訝的表情，「媽媽晚上還要工作？」

「不是，晚上我很忙，我不可能為了他，放下所有家裡的事情不做啊！」

「只要花十分鐘就可以了。」我仍然不甘心，試著做最後的掙扎。

「喔！有時他爸爸會講給他聽。」還不錯的回應。

「家裡還有其他的小孩嗎？」想再多聊聊。

「沒有，只有小平一個孩子。」

不知怎麼的，我的腦海裡突然浮現出，每天晚上小平面對兩個忙碌的大人，以及一部輕聲細語的錄音機的情境。

母親淩厲的目光隨著小平而移動，我忍不住的說：「他其實是個可愛的孩子。」

「是啊！」口氣平淡依舊。

「我每週的今天都會在這兒，妳如果有事需要我協助的，就盡量來找我。」

「嗯。」看著她冷漠的表情，我便不再作聲。

這時，小胖偕同幾個孩子跑了進來，興奮的喧嚷著：「貓頭鷹要講孫悟空給我們聽！」

「吔！」

小平媽媽不知何時已默默的離去，而小平也不知因何事又與他人在一旁扭打了起來，真不知道他母親如果看到這一幕會如何處理；不過，我猜目前這一幕她是很難得看到的，除非等到孩子長大……。

我突然想起了昨夜的那通電話：一個公司主管，因工作忙碌，竟然不知自己的兒子從小就是個過動兒；直到上了國一，學校通知後她才發現；學校要求，除非母親到學校來伴讀，否則就請轉校；可是，母親卻說她公司很忙，不可能去學校伴讀，現在要動用關係迫使學校留下孩子。

站在教育的立場，學校拒絕孩子上學，實在是反教育的事；但是，如果為人父母，在親職教育中，經常是缺席的，總覺得生了一個磨娘精，帶出門只會令自己丟臉，從來就不願意去面對孩子的真正問題所在——孩子需要的是父母親大量的擁抱和關愛；而不是一連串的訓誡和冷峻的目光。

讀好書、做好人，也得等他相信自己是個值得人愛的孩子時，才能做得出來啊！

認真傾聽心聲不強迫

「吃飯嘍！」聽起來總是那麼的令人興奮！一張張飢渴的肚皮，緊貼在餐桌旁，餓呼呼的樣子嚇得連筷子都要倒退幾步。可是，爲什麼有時候相同的呼喚，卻換來不同的結果？甚至於還成爲親子間戰爭的引爆點？

目送著么女奔向教室後，便轉身走入圖書館，一邊瀏覽著館內的藏書，一邊思索著以後說故事的走向。

「貓頭鷹，妳今天要講什麼故事？」回頭一看，是個小女生。

「哇！今天妳來得可真早，想聽什麼樣的故事？」我牽著她的小手走進「赤腳區」。

「我好喜歡看《張開大嘴呱呱呱》（注5）那本書喔！妳下次再帶來給我們看好

嗎？」我笑著點點頭，此時幾個孩子氣喘吁吁的跑進來。

「可以開始了吧？」

孩子們不約而同的擠過來，這時小門一推，跳進來一張又瘦又黑的酷臉。

「你來了！真好，我們正要開始，等你喔！」他找了一個空位，整個人就四平八穩的躺了下來。

「好了，開講嘍！」

正當我們神遊於故事的情境時，突然傳來一聲吆喝：

「小威，早餐在這裡，快拿去吃！」

思緒一斷，全部的人都回過頭，除了那張酷臉。

「快來拿啊！」

大家錯愕的盯著那位兀立在書櫃後面的她，除了他。

「妳大概就是貓頭鷹吧？我是小威的媽媽，我拿早餐來給他吃。」媽媽打完招呼立刻轉過頭說：

「小威，你快點過來拿去吃！」

還是沒有任何人過去，她隔著矮櫃拎著一個塑膠袋，在半空中晃動著。

「小威？」我帶著詢問的眼光，看著那張酷臉；他一骨碌的跳起來，一把抓住塑膠袋，立刻回到原地坐下。

「小威，快吃啊！」她又大聲的吆喝著。

這時，孩子們對這齣只停格在「吃與不吃」之間的老戲碼，漸漸的覺得不耐煩了；可是，很明顯的，眼前這個盡職的媽媽不盯著他吃完，是不會善罷甘休的。

「小威媽媽，也許他想待會兒再吃吧？」

我考慮了一下，說：「妳這樣，小朋友沒有辦法聽故事。」

哎！又是一個可憐的媽媽，她是一千個、一萬個不放心，重複的叮嚀著，在她離去後，「快吃！」這句話彷彿還飄蕩在大家的耳邊繚繞不已。

所有的人全都吁了一口氣！

「嗯，我們說到哪裡了？」

孩子七嘴八舌的提醒著我，故事漸漸的再重新架構出來，那張酷臉也躺回了原來的姿勢，而那包早餐則靜靜的陪在他身旁。

當我們正在熱烈的討論時。「小威！坐好，專心聽貓頭鷹講故事！」嚴厲的叱喝聲，著實把我們給嚇了一大跳。

那位媽媽不知何時又跑了回來，「你怎麼躺著聽故事？一點也不專心。」

天啊！我們本來就很專心的嘛！

「小威媽媽，那是我們同意的聽故事方式之一，而且他一直都很認真的在聽！」

「早餐吃了沒？」原來還是為了這個才再回來。

不料，那張酷臉突然忿忿的拿起早餐，用力的丟還給她，她錯愕的一愣，「啊！你還沒吃！過來，立刻把它吃掉！」她與他之間看來又要老戲重演了。

「我不吃了，妳走開！」這次，小威的態度似乎更加強硬。

「不可以不吃！來拿著！」她手中的早餐，依然沒人接走。

兩個就這樣僵在那裡。

過了好一陣子，她百般無奈的把它放在矮櫃上，說：「我要去上班了，貓頭鷹拜託妳，請妳盯著他吃完，不然他是不會吃的。」

「我會提醒他的。」

就在故事接近尾聲時，我突然發現那張酷臉，不知何時溜到場外的牆角邊，一副隨時要離去的樣子。

「咦？你不是小威嗎？你走的時候要記得把早餐帶走喔。」

「我不是小威！」說完轉身就跑了，留下那包丟在矮櫃上，孤伶伶的早餐與一臉錯愕的我……。

之後，當我拎著早餐，氣喘吁吁的找到小威時，他依舊板著那張酷臉一副不愛搭理人的樣子。

「小威，這是你的早餐，你忘記拿了。」

「我不要吃！妳把它丟掉！」

「你不喜歡吃早餐嗎？」雖不回答，但從他的表情也得知答案。

「可是你媽媽擔心你會肚子餓，沒力氣打球，所以她才會帶早餐來給你吃啊！」

我經常看見他在球場上奔馳。

「你是不是不喜歡吃三明治？」

他終於點點頭，生氣的說：「那麼多，我根本吃不完！而且又乾又難吞！」

「這樣的事，有沒有跟媽媽說過？」

「跟她說？算了！她根本不會聽的，她從來都不聽我說的！」

「可是，你每天卻要為了早餐這件事而生那麼大的氣，也是很累的；要不要試著回去跟媽媽好好說，讓媽媽知道你想吃什麼，請媽媽買給你，好嗎？」

以前，曾經聽老師說過，小朋友會偷偷的把滷蛋、雞腿丟進教室的垃圾桶裡；因為，媽媽認為要吃那麼多才有營養，不可以不吃。所以，不愛吃或吃不下的人就只有「滅跡」一途了！這種以前被視為「會被雷公打死」的重大惡行，不知怎麼卻盛行於這一代；是人心不古了？還是因為，現代的媽媽帶著過去挨餓的記憶，來餵養今日面對著食物充斥生活的兒童？

注5 《張開大嘴呱呱呱》：上誼出版

說故事的目的

大人聽到一個故事時，總是要問：「爲什麼要說這個故事？」「這個故事隱含著什麼樣的意義？」或是「說這個故事，對孩子有什麼樣的幫助？」好像，若是找不出任何正當的理由，就不能隨興的說故事一樣。

「從此以後，只要有人不喜歡下雨天，就會到嘩啦啦店去買一把小花傘並且打開它；無論當時下著多大的雨，一定會馬上停下雨來，並出現太陽！」

當我闔上書本正和孩子們徜徉在故事的幻想王國時，一旁觀察良久的老師，忍不住的上前問我：「請問貓頭鷹，妳說的這個故事，是想告訴孩子什麼樣的道理？」

我愣了一下，才反問他：「你是在問我，說這故事對孩子有什麼用，是嗎？」

「是的！」一副人生苦短，怎可隨意浪費時光之意洋溢其中。

「我相信妳選擇這個故事一定有妳的用意的！」老師帶著肯定的語氣，下了一個信任的結論。

「可是……說真的我沒有；我只是覺得這個故事很有趣，孩子們應該會喜歡才選的。」看著老師一臉疑惑的樣子，我又接著說：

「我是真的不知道，這個故事到底會對孩子產生什麼影響；但是，我知道我說了這故事後，發生了一件非常重要的事！那就是我和孩子之間的距離拉近了，他們開始喜歡我了！我想這就是最值得的事了！」

我看著孩子們，一個個的眼睛閃著快樂的光芒，緊緊的挨在我身邊；「愛」在故事的傳遞中，早已默默的滋長了……。

在這個凡事都講求功利的社會裡，我們做任何事情似乎總是得找出一些「目的」來，才有做下去的理由。

甚至於在親子間的互動裡，也在暗中交換著某種有條件的付出，例如：「媽媽愛好孩子」，換句話說就是「好孩子才能得到愛」。而「好孩子」的定義又常常是「功課好」、「情緒好」的孩子；那麼，那些「功課不好」、「情緒不好」的孩子是不是就不應該得到愛了？

如果，連最無私的母愛都成為一種有條件的交換，孩子又要從哪裡得知什麼是「愛」？更別提如何去「愛人」了。

當我們將「說故事」這麼單純的分享，強要冠上幾分道理，並在情節轉折處不時加上幾句：「所以說……小孩子要……」或是「聽了這故事，給了我們……的啟示。」恐怕孩子的想像空間也只能在我們規劃好的範疇下，做些對答式的回應罷了！

「貓頭鷹，那隻小鴨子好小氣喔！什麼東西都不借給別人！」

「是啊！牠真的有夠小氣！」我瞇著眼，看著這位小法官接著問：

「我們來猜猜看，牠為什麼會這麼小氣，好嗎？」

「嗯……，也許是怕被弄丟了吧？」一個孩子歪著頭說。

「可能是……以前有小動物向牠借東西，後來就不還牠了！」另一個孩子慢條斯理的分析著……。

不強調那些隱藏在故事中的道理，不以非黑即白的二分法去判定事情的對錯；也許更能教出一個有思考能力的小孩！

以愛，培養美好品德

慈悲的愛，源自於一顆柔軟的心；在嚴厲的管教下，所換得的可能是一只冷峻的心腸……。

剛開學，小平的老師就憂心忡忡的告訴我：「小平捉了一隻蝴蝶，我要他把牠放了；他居然揉碎牠的翅膀，再把牠丟出去，真是個殘忍的小孩！」

連著幾天的雨，把校園的樹刷洗得油亮油亮的，清晨的風掛著雨，滴滴答答的打在雨傘上，盛夏的酷熱，隨著滑落的水滴在風中吹散開了。我跳進圖書館走廊，收起溼答答的雨傘，甩掉昨夜的疲憊走進圖書館，今天又是一個未知的開始，而「說故事」的進行卻是永遠不變的序曲。坐在裡面的幾個孩子們，早就不耐煩的鑽動著。

我清清喉嚨，慢慢的掏出一段段的故事來。

「砰！」小平一如往常的遲到且大剌剌的闖入我們的故事王國，一枝水蠟燭在他手上晃著。

「貓頭鷹，這個送給妳！」最近他來聽故事時，常送我東西。

「這是什麼？」我一副好奇的樣子。

「水蠟燭啊！妳怎麼什麼都不知道？」那絨布般的水蠟燭四周，一下子擠滿了一隻隻好奇的小手。

故事就這樣穿插在「水蠟燭」的話題中，雜亂但快樂的講完。

當孩子們陸續離去時，我卻發現小平和阿明仍坐在角落。

「我們不想那麼早回教室！」

我撿起掉在地上的那根水蠟燭，上面的絨毛已有一些剝落。

「小平，你怎麼會有水蠟燭？」

「我在學校的蓮花池裡摘的！」

「蓮花池？在哪裡？你可以帶我去看看嗎？」

「走，跟我來！」說完，他和阿明立刻穿好鞋，往蓮花池的方向跑去……。

兩個小小的身影一上一下的在我前面跳躍著，我順著他們的方向尾隨跟去；揉碎的蝴蝶翅膀、蓮花池旁折斷的水蠟燭……，「生命」對眼前這個孩子而言，好像不是一件愉悅的事？而家人對待他這個「生命」的態度愉悅嗎？

「到了！」小平的叫喊打斷了我的思緒，阿明興奮的跳上池邊的大石頭用力的對我揮手。

斜斜的風帶著我向前望去，一枝枝的水蠟燭，在細雨中微微的搖擺，三、兩株蓮花在一片青綠下掩映著，幾許嫣紅綴在將要暈開的綠意下，有如少女靦腆的笑容。我傻傻的呆立在原地，怎樣也捨不得把目光轉移。小平察覺到我的改變，也回過頭來，剎那間沒了嘻笑聲。在雨中，我們三個人佇立在蓮花池前一動也不動的看著……。

站在池邊的阿明，突然伸出手去摸摸水池裡的水蠟燭。

「哇！這個摸起來的感覺好舒服喔，比剛才的那根還要柔軟耶！」

「而且還更美！」小平瞥了一眼我手上那枝飽受摧殘的水蠟燭。

「是啊！長在水裡的，真的是比這枝被摘下來的美多了！」我由衷的讚嘆，又說：

「我想這枝被我們摘下來的時候，一定很痛吧？離開了根，沒有媽媽它也一定很難過吧？是不是因為太難過了所以才變醜了？也許，以後我們只來這兒看看它們，看著它們美美的長在蓮花池裡就好了，那它們也許會很快樂吧！」兩個孩子依然一言不發的凝視著眼前的景緻。我深深的吸了一口氣，慎重的說：

「小平，謝謝你今天一大早帶我來這裡，讓我看到這麼美的蓮花池，

給了我一個美好的開始，真是太棒了！我想我今天一整天的心情一定都會很好的，謝謝你！」他回頭看了看我，嘴角微微向上牽動。我們又在蓮花池邊待了好一會兒，他們倆才帶著一身的清香回教室去上課。

後來，有人常常看到，小平經常一個人站在蓮花池的前面看著蓮花、看著水蠟燭，許久、許久……。我想，在他身旁應該也有一隻隻翩翩起舞的蝴蝶吧？

兒童行為反應生活狀況

每個孩子的行爲，都只是在反應環境對待他的方式；一個得到充分的愛與尊重的孩子，自信與自愛必如影隨形的伴著他。

經過了將近一個月的蟄伏，重新走在校園裡，感覺到萬物蠢蠢欲動的生氣；新冒出的嫩芽，正用盡它全身的力量，大口、大口的吸著甘甜、香濃的初春氣息。我和自家孩子班上的媽媽坐在百花齊放的校園裡，心曠神怡的討論著新學期班上的一些事情。

這時小胖偕同伴從面前跑過。

「貓頭鷹！是貓頭鷹耶！」一票人立刻折回；我們親熱的打著招呼，像是幾年沒見的好朋友般拉扯著！

「哇！一個寒假不見，你們長高了不少耶！」可不是，眼前的孩子們一個個閃著亮麗的光采，小珍難得的帶著盈盈的笑容，問道：

「好久沒聽妳講故事了，什麼時候開始啊？」

上學期時，小珍每次都帶著一對叛逆的眼神，坐在老遠的地方拒絕聽故事；雖然有時候，會一不小心的被有趣的故事情節所吸引，不過她總是很快的就拉回自己的注意力到「哥兒們」的身上去，不再理我。

「快了！快了！大概下星期就可以開講了。」面對她這樣的轉變，實在很難壓抑住自己一顆狂喜的心，我忍不住的蹲下去抱了她一下，說：

「貓頭鷹好高興喔！」她扭捏的推開我。

「喔！對不起，我又得意忘形了！把妳給嚇著了吧？」

在一旁的小胖突然插了進來。

「小偉離開我們班，轉學了，妳知道嗎？」他們兩人是一起找人打架、一起遊走「江湖」的「哥倆好」。

「你很想念他？」記得上學期最後一次在處理完小宏和小胖的衝突後，我一一去握住每一個小孩的手，誠摯的告訴他們：

「我希望能成為你們的好朋友！」當時的小偉還用力的點頭呢！

我拍拍他的肩，無限感慨的說：

「貓頭鷹也覺得很意外！」我們倆一時無言以對，同時陷入沉默中。

他們走後，在一旁一直沒出聲的媽媽突然問我：

「是朋友的孩子？」

「喔！不，他們是到圖書館聽我講故事的小朋友們。」

她瞪大眼睛一副難以置信的樣子。

「哇！他們就是那些行為偏差的壞小孩？」

我沒回答，她又有些困惑的說：

「可是，他們剛才跟妳講話的態度很好，看起來並不像是壞孩子嘛！」

其實每個孩子的行為，都只是在反應環境對待他的方式；一個得到充分的愛與尊重的孩子，自信與自愛必如影隨形的伴著他。

我們常常本末倒置的只是要求孩子做到後者，而從不反省自己有沒有如實的提供給孩子一份安定的、沒有條件的愛？

我們是不是常會因為自己情緒的失控，而任意的去傷害孩子？我們是不是常會因為他表現的比別人差，而否定了孩子的一切？

在每次他們來聽故事時，總是會有一些所謂的「偏差行為」出現；然而，我從不以「偏差行為」這樣的想法去看待他們，我只覺得那是他們對現況的反應，而盡量去照顧他們的感覺、去疼惜他們的委屈。

因為我相信：只要他們被愛夠了，一切就好了！

適才適性教孩子

什麼是公平？是接受同樣的要求？還是按照一定的節奏？是完成相同的工作？還是要有一致的表現？或許提供適才適性的教育環境，才是給孩子眞正的公平吧！

今天是這學期最後一次講故事，心裡有些許的輕鬆又有些許的不捨；一走進圖書館就看見浩浩和他奶奶坐在裡面，滿臉的笑容：

「老師早啊！」

「奶奶早！浩浩早！」浩浩的奶奶每次都會陪浩浩聽故事，而且堅持要叫我「老師」。

「奶奶，今天是最後一次講故事，接著就要放寒假了，請您下學期再帶浩浩來聽故事。」

「我不要放寒假，我要聽故事！」浩浩在一旁拉扯著我的衣服。

「老師，這些日子真的非常感謝您，不知怎麼的，自從這學期來聽您講故事之後，他的情緒穩定多了。」我摸著浩浩的頭，看著他清瘦的模樣，不禁會想起他剛來的情景……。

那一天，奶奶牽著他的手，來到我面前：

「這是我的孫子浩浩，班上老師說我可以帶他來聽您講故事。」

我蹲下來和他打招呼，奶奶又接著說：

「浩浩的聽覺反應有些緩慢，所以當您跟他講話時，比較不會有立即的回應。」

奶奶停了一下，再說：

「這孩子還有過動的現象，情緒也較不穩定，請老師多多包涵。」

看著奶奶憂愁的神色，卻隱含了無限的慈愛，內心也跟著不捨起來：「奶奶，請您放心，他來這兒聽故事會很快樂的。」

剛開始，他因為新的環境而顯得非常不安，動來動去的無法專心聽故事，一個不小心就撞到身旁的小孩。

「你幹嘛？要打架啊！」本來就不好惹的小傢伙，立刻就像豎起毛的刺蝟般的欺過來。

浩浩也不甘示弱的瞪大雙眼，奶奶擔心的靠了過來；我插入兩個孩子之間，扶著他們的肩膀，笑著說：

「哎，浩浩不是故意要撞人的，你別生氣嘛！來，你們兩人都坐到我身旁來聽我講故事。」我一邊說故事，一邊輕握著浩浩的手，才化解了緊張的場面。

後來，為避免和肢體暴力較多的小胖他們發生衝突，就將他調到其他日子聽故事；因此，我特地跑一趟，去向他的班導師說清楚。到教室時，就看見他正埋頭認真的在寫字；我走進去輕聲的和老師說話，一直到我離去，浩浩都不知情的繼續寫著他的字。

我站在走廊，遠遠的望著他，想起他媽媽在電話中說：

「浩浩因為感覺統合失調，平衡感不好，容易跌倒，導致不敢跟小朋友一起玩。在班上老師考聽寫時，他也只能寫前面幾題，到後來他就跟不上了，而老師說為了公平起見所以不能等他；在班上他的成績也一直不好，使他很有挫敗感。」

媽媽嘆了一口氣，又說：

「但是，上回學校做智力測驗，浩浩的成績居然比同儕好；老師還因此責怪我們太寵孩子，他認為浩浩的許多表現都是故意的，要求他以後要適應一般的教育方式。」

「什麼樣是一般的教育方式？」

「就是和所有的小孩一樣，別的小孩做得到的事，他也都要做到。」

「老師知道他的生理狀況？」

「都知道。」我們倆同時默然，為什麼單憑智力測驗的結果，就能斷定他也會有相同的行為能力？這樣對浩浩公平嗎？

一般而言，小孩專注的程度愈高，以後成功的機率也愈大。眼前隔著窗戶的浩浩，雖然學習的速度不是那麼的快，但是，他低著頭認真寫字的那種專注，深深的令我感動，我深信只要能提供適合浩浩的教育環境，日後他應是個英才！只是，他身邊的大人們願意幫他創造出這種公平的教育環境嗎？

勇敢說出愛與關懷

爲什麼孩子不在我們的身邊時，我們會夜以繼日的思念著；可是當孩子回到我們的跟前時，我們卻立刻把「愛」埋藏，天天皺緊眉頭、粗暴的打罵小孩？

小玉，一見到她，就覺得她很像是在山野中長大的小女孩一樣，又黑又瘦的臉蛋，鑲著一對倔強的雙眸。剛來的時候，只要是別人稍一碰她，整個人就像是點燃的火藥般不可收拾；無論對方個兒多高、拳頭多大，一點也嚇阻不了她！

在一次又一次的接觸後，我總會多留些目光、多說些好話在她身上，對她有一份莫名的憐惜，好像在和自己的小時候對談一樣。

每次我們在校園裡碰面，她會老遠就對我用力的揮手，然後氣喘吁吁的跑過來，和我手牽手的邊走邊聊天，我們說一些自己的心事，也說一些無關緊要的瑣事。慢慢的，她易怒的情緒日漸平穩，聽我講故事時也愈來愈專心了，班上老師也常在我面前稱讚她的進步。

有一天，她對我說了個故事：

小玉從小就住在鄉下的伯父、伯母家，一直認為他們才是自己的爸媽；在那裡又快樂又自由，沒想到國小一年級突然被送到臺北來念書，臺北的媽媽很嚴格，一天到晚嫌東嫌西，還常常批評鄉下的媽媽沒教好。只要一被罵，小玉就會更想念鄉下的媽媽，常常打電話回鄉下，哭著要人來帶自己離開臺北。有時還想偷跑回去，無奈太遠了，已經認不出回家的路……。

當我聽著小玉敘述著鄉下的天有多藍、樹有多高時，眼前不禁浮現出她跳躍在陽光下的畫面；看著她邊說邊笑的那種神采，真令人有一股說不出的感動；好像她就是山、她就是水一樣……。

在那兒，沒有人會罵她，只有無邊無際的大自然任她遨遊；而她也不了解臺北的媽媽為什麼老是對她不滿意，其實她只是還看不懂沒有滿天星斗、成群蝴蝶的都市罷了！

許多父母因為種種理由在孩子仍是襁褓時期，便狠下心將孩子托給鄉下的親人帶。一星期甚至一個月才見一次面，在幼兒的整個成長過程中，「父母」這一欄幾乎是空白的。

親子間沒有重疊的生活經驗，各自在不同的時空中過著不同的生活；直到要上學了，才突然想到這孩子該回來受「比較好的教育」時，就理直氣壯的立刻把孩子連根的拔離他熟悉的環境，硬生生的將他移植到一個全然陌生的地方來。

試想孩子此時的心境，該是多麼的不適應與害怕！

全新的相處，是需要多少的愛才能彌補這些年來的空白？如果想培養良好的親子關係，應先接納孩子的一切、沒有批評，才能讓孩子盡快的重建安全感。不要急著去糾正那些「生活常規」，那些屬於我們自己家裡的遊戲規則，會在他確定自己也是屬於這個家的一分子時，心甘情願的與我們共進退的。

「責罵」只會讓孩子更相信我們是不愛他的（所以他才會在小時候就遠離父母身邊），讓他更沒有「回家」的感覺。「愛」從來只有在好聽的字眼中才會釋放出來；「情」從來也只有在溫柔的心境中才會感受得到！

Part 3
讀懂孩子的內心世界

公平對待每個孩子

「本是同根生，相煎何太急？」當兄弟失和時，老邁父母揮淚錐心；可是，失和的主因，卻總是源自父母的偏心。面對那個從小就搶走了父母所有的愛的頭號敵人，長大後怎麼還能「手足情深」呢？

「貓頭鷹，妳的書可以借我看一下嗎？」

看哲雄這麼有禮貌的應對態度，實在很難想像，他就是那個曾被老師形容成「既粗暴又愛破壞東西」的小孩。

「哲雄，你很喜歡聽貓頭鷹講故事？」

「是啊！」

「在家裡媽媽常講故事嗎？」

「她已經好久都不講故事給我聽了。」他的臉黯淡了下來，「她說我都已經上學讀書了，不能老是叫人講故事給我聽，要自己看。」

他邊說邊玩弄著自己的手指頭。

「可是，哲雄還是很想聽媽媽講故事？」

他點著頭低聲的說：「媽媽整天都在忙弟弟的事，根本不理我。」

「弟弟很小？」

「才不小呢！都上幼稚園了；一天到晚只會哭，他一哭媽媽就打我、罵我！說我欺侮他！最討厭他了，揍死他活該！」高亢的音調，透露出積壓甚久的不滿。

「哲雄覺得好委屈喔。」

「媽媽整天都陪他玩，對他說好好聽的話；可是一看到我就只會問『功課做完沒！』樣子變得好凶喔。」

「你喜歡媽媽怎樣對你？」

「像疼弟弟一樣。」他的目光投向遠方，好像這是一件遙不可及的夢想一樣……。

每個當老大的噩夢，好像都是起源於媽媽生下弟妹之時；記得不久前媽媽還像抱心肝寶貝般的摟著自己，自己還是一個需要人疼的小小孩。

可是，不知為什麼「從現在起，你長大了！」這句話，突然在那個紅彤彤的小人兒出現之後，就不斷的在自己的耳邊響起。掛上「哥哥」或「姊姊」名牌的意思，似乎是說自己將要失去某些本來有的權利，更甚至必須在一夕之間學會一些本來沒有的能力。

「現在你做哥哥了，不能老是哭著要人抱。」雖然他做了哥哥，可是也只不過才三歲而已！

「做姊姊的怎麼沒照顧好妹妹？」可是她也還需要你的照顧啊！

「弟弟還小不懂事你要讓他。」是不是叫「弟弟」的都可以永遠不懂事？

「妳已經是姊姊了，還來煩我。」如果她不要當「姊姊」，那是不是就可以來煩你？

在做父母的心疼么兒的同時，能不能也想想在一旁等候多時的老大？

手足之間的爭執常令父母十分心煩，最常見的處理方法不是痛責老大一番，就是兩個都抓來修理一頓；但是，這樣的場面，明天是否還會重演？「兄友弟恭、相親相愛」到底會不會發生在自家的屋簷下？

其實，手足間爭的「標的物」往往只是「父母」罷了；孩子渴望父母的愛的心情，無論到多老都是一樣的。與其要孩子克制自己，不能表現出要爸爸媽媽疼的樣子；不如讓自己放開心胸，大膽的去疼愛那些「應該」長大的老大吧！

在你疼么兒的同時，也多疼疼老大；一個人只有在被愛夠了之後，才有能力去愛人。「說故事給孩子聽」對孩子而言，除了能滿足他的「求知」外，更能清楚的傳達「愛」的信息給孩子。

記得我在圖書館曾經聽到一個媽媽對吵著要聽故事的孩子嚴厲的說：「你上了一年級，已經認識許多國字了，怎麼還能依賴媽媽讀故事書給你聽？去、去，自己看書去！」言下之意，好像覺得只有小小孩才可以聽故事，生怕讀故事給長大的孩子聽，會害了他一輩子？

然而，在許多世界名著中，經常會描寫到母親在昏暗的燈光下，讀著書給孩子們聽的畫面；也許，成就這些大文豪的，就是那些永難忘懷的溫馨畫面啊！

讓孩子知道你懂他

有人喜愛「看書」，悠遊於書中而不能自己；但是，有人卻討厭「看書」，厭惡之至到不願接觸。

一走進圖書館，就看見三年級的小愛，正在書架前無所事事的晃來晃去。

「這麼早就來啦！」小愛回頭一發現是我，憨憨的望著我笑。

我摸摸她略微凌亂的頭髮，瞇著眼問她：

「想找書看嗎？」

她甩甩頭，不屑的說：

「我最討厭看書了，字那麼多，看了就煩！」

我一愣，隨即又接上：

「對呀！看那麼多字真的會很累的！」

她抬頭望著我，機伶的眼神正努力的揣測著我話中的「真意」。

我抽出了一本《中國孩子在紐西蘭》（注6）的書，隨手拉開「赤腳區」的小門。

「這本書看起來滿有趣的樣子；我來念給妳聽！妳說好不好？」

呆在原地的小愛，在我脫鞋子的時候，才回過神、急急忙忙的跟了進來；還追問著：

「妳真的要讀給我聽，是嗎？」

「是啊！這本書一定很好看，可是，字又那麼多讀起來大概會很辛苦，乾脆讓我讀給妳聽吧！」說完，我就坐下翻著書開始瀏覽。

小愛緊緊的挨在我的身邊坐好，豎著耳朵猴急的推著我，說：「快點念嘛！」

我心裡暗自覺得好笑；不一會兒，就找到一篇長短適中、內容生動的文章，開始慢慢的逐字念了出來。

這是一本五年級的小朋友移民到紐西蘭，以寫信的方式，介紹了當地許多有趣的風俗民情，給臺灣的小朋友認識。

孩子一個接一個的進來，我也一篇接一篇的讀下去，當讀到小作者他們班五年級的數學程度時，大家不禁哄堂大笑。

「都五年級了，連這個也不會算！」

我們這群三年級的小朋友，好像突然發覺：自己其實也是很厲害的！頓時信心百倍，一掃過去「抬不起頭」的陰霾。每個人都搶著幫小老外解答「連三年級都會」的百位數的加、減法！

那股認真的勁兒，任誰看了都會感動的……。

後來，有人問：

「紐西蘭在哪裡？」於是，我們又開始討論紐西蘭的地理位置、氣候，甚至還談到企鵝呢！

在快樂中，時間好像特別容易溜走，當上課鐘響時，大家都還賴在地上，沒有人願意起來。

我拿著書，站了起來。

「你們想不想知道，這本書，我是從哪裡拿出來的？」說完，就逕自往書架的方向走去。小朋友一個、一個的跟著我走；其中，小愛也在裡頭。

「貓頭鷹，這一排書都好看嗎？」

「貓頭鷹，妳覺得我借哪一本回去看比較好？」

「貓頭鷹，妳可不可以告訴我，還有什麼書像這一本這麼有趣？」

最後，小愛走過來，扯扯我的袖子，輕聲的問我：

「貓頭鷹，妳手上這本書可以借給我回去看嗎？」

注6 《中國孩子在紐西蘭》：國語日報出版

拋開主觀意識多觀察

一個老是躲在濃霧中，任人取笑從不反抗的女孩。這天，突然像母雞照顧小雞般護衛著被人欺負的同學。是什麼力量鼓舞她挺身而出，展現她平常從不曾呈現的面貌？

在我說故事時，一直有一個讓人心疼的小女孩出現在其中。

她長得白白胖胖卻滿臉的不快樂，幾乎沒見她笑過；常常是一副冷冷的表情，只有在聽故事時，才會透露出一些童稚的熱情。孩子們沒事就罵她「死胖子」，灰灰的面貌蒙著一層慘綠，卻不做抵抗，任他們在一旁取笑。

每每我都忍不住的皺著眉說：

「你們怎麼可以這樣笑人？」

「有什麼關係，她本來就是死胖子，妳看她都承認了！」有些孩子會這麼說。

她面無表情的杵在那兒，好像所有的事都與她無關似的。平時我講故事時，她總是坐得遠遠的、默默的聽著。有時，我會故意去逗她說話，但她從不做任何回應，就怕說錯話似的，連眼神也是閃閃躲躲的跳動著。

在浩浩加入後，事情卻開始有了些改變。當浩浩第一次推門走進我們這群「老大國」時，她突然說話了：「我告訴你們，他和我在同一間安親班上課，他很凶喔！你們不要惹他，他會打人的！」

再用手比比大腦，說：「阿達！」

說真的，對於她突然如此主動的表現，我實在是嚇了一跳；儘管很不喜歡也不同意她這樣的介紹方式，但也沒多說什麼，因為說了也沒用。

從此以後，每次浩浩一來，她就會立刻移到他身邊坐下，不斷的管他、罵他。當浩浩跟別人發生了肢體衝突時，她一定會在我還未站起來處理以前就先跳了出來，在一旁大叫：「他很壞！打人很痛喔！」這一叫，就似火上加油般的，把我們的「老大」激得頭上冒煙，場面經常就變得更加火爆，而我除了使勁的抱起浩浩盡力去安撫大家外，也別無他計了。

事後問她為什麼要這樣說他時，她總是沉默不語。有時，我會刻意的隔開他們兩人，奇怪的是，那天她就會顯得很不安，大大的眼睛隨著浩浩的身影而移動，遠遠的也不忘要斥喝他幾聲。

我一直不解，她心裡到底都在想些什麼？不過，我主觀的相信她不喜歡浩浩，這應該是沒錯的。比起那些常常出狀況的「老大」們，她就像是躲在濃霧中常令我感到迷惑。

有一天，我們像往常一樣，幾個先來的人，悠閒的翻著書等著其他小朋友，浩浩正低頭在看一本漫畫書，還不時的發出咯咯的笑聲；這時，大他一年級的小松，不由分說的就搶走了他手上的書，浩浩氣得哇哇大叫。

剛走進場內的她，也目睹了事情的始末，她突然像母雞護小雞般的擋著浩浩，再使出全力的替他搶回那本漫畫書，並交還給他。那副凶悍的神色，一掃過去沒有自信、任人欺侮的樣子。

我在一旁看的目瞪口呆，一時間還想不清楚這到底是怎麼一回事，她便拉著浩浩走過來，緊挨在我身邊坐了下來，嘴巴又開始罵他。

過了一會兒，我試著問她：

「其實妳是很疼他的？」她默然。

「你們每天在同一間安親班上課，妳都會照顧他；妳擔心他會被別人欺侮，對不對？」

整件事情似乎愈來愈明朗化了，浩浩生理上的缺陷，所引起他人的嘲弄，看在她的眼裡是十分難受的，只因她清楚那種感覺，那種自尊被踩在腳底的痛。當別人在嘲笑她，她卻無力反擊時，是不是因為她相信了「自己就是那樣」的無奈？而對於浩浩，她卻使出全力，以她所熟悉的方式去保護他。

「妳告訴別人浩浩很壞，是希望大家怕他，不敢欺侮他？」

「是啊！」

「浩浩好幸福喔，有人這麼疼你，你知道嗎？」浩浩一臉茫然。

「可是，她一天到晚罵我。」

「妳為什麼要罵他？」

「我怕他闖禍。」

我笑著張開雙手圍著他們兩人。

「妳疼他，可不可以講些疼他的話；她疼你，你可不可以說些謝謝她的話？」

一直擔心的站在場外的浩浩奶奶，從口袋掏出一條手帕，轉過頭去擦了擦微溼的眼角……。

正視霸凌問題

瘦小的小傑，一個人在操場上遊蕩著——沒有目的、無精打采、晃來晃去……。一個人在校園裡徘徊，卻無處可去的孩子，「九年義務教育」對他而言，究竟象徵著什麼樣的意義？

「鈴——」

下課鐘響了，小小的教室門口，衝出了一個又一個精力旺盛的孩子；小傑也興高采烈的跑出教室，在操場上撿起一根小樹枝，蹲在地上畫起圖來了。

「嘿！白痴，你在幹什麼？」突然，阿坤從背後用力的推了小傑一把。

「啪！」的一聲，樹枝折斷了一大截。

「你走開啦！」小傑回頭大聲的斥喝著。

「偏不要！」阿坤跑到前面伸出腳，把地上畫的圖踩得亂七八糟。

小傑赫然站起，怒目瞪視著對方。

「哈！白痴要發瘋了！快來看喔！」阿坤在小傑的面前跳來閃去。

「呦，好酷耶！」剛好從旁邊走過的阿祥也插上一腳。

七、八個孩子團團將小傑圍住，不斷的用言語或肢體去碰撞小傑；輕蔑的笑鬧聲不時傳出。

「呀——」被激怒的小傑，拿著手中僅有的小樹枝，猛力的在空中亂揮、亂刺……。

「住手！小傑！」聞聲而來的老師，一把抓住青筋暴凸、拳打腳踢的小傑。

「你怎麼可以拿樹枝傷人！」說完，老師搶過小傑手中的樹枝，用力折斷，再丟到地上去！

「你知不知道這樣是很危險的，難道你就不能一天不闖禍？不找麻煩？」

第四節是小傑最喜歡的美勞課，每個人開開心心的用黏土捏塑出各式各樣可愛的形狀；小傑不一會兒就捏出了一隻小兔子，他高興的帶著他的兔子到處跳來跳去。

「看！白痴又在發神經了！」阿坤不屑的低聲笑著。

「白痴！別靠過來！」孩子們魔咒般的嘲笑聲，不停的在小傑的耳際，一波又一波的傳來。

「討厭——！」小傑突然大叫了一聲，手上的兔子倏地飛出；高張的憤怒情緒，隨著他失控的撞擊，一排書架上的書，嘩啦啦的全掉了下來……。

隔天，班上來了一大群的家長。

「請老師安排小傑轉班，我不能讓這種小孩和我的孩子同班，太可怕了！」

「老師，你也是有孩子的人，相信你一定能了解我們這些做父母的心！」

「這種孩子，不應該在一般的班級上課！」

「太危險了！」

一如往常，小傑一大早就來到圖書館，緊緊的靠在我身邊坐著；我察覺出一抹淡淡的哀傷罩在他的臉上，他的手不安的拉扯著自己的頭髮。

我輕輕的握住他的手，用最溫柔的聲音對他說：「小傑，貓頭鷹講個好好聽的故事給你們聽。」他和其他的小朋友們抬頭凝視著我，安靜的聽著，彷彿是一群純真小天使般的可愛……。

講完故事，小朋友們一個個的跑回教室上課；我正準備離開校園時，無意間瞥見瘦小的小傑，一個人在操場上遊蕩著，沒有目的、沒有精神的晃來晃去，然後，在操場的中央躺下，看著天空……。

我穿過一堆汗流浹背的高年級學生和閃過兩顆迎面而來的「高飛球」，喘著氣蹲到小傑面前，說：「躺在這裡好危險，我們到別個地方去，好不好？」

我們倆手拉手跑到樹蔭下，「貓頭鷹，請妳不要帶我回教室，我不要上課！」

理性教導不打罵

「故事書裡的媽媽最好了！都不會打人；如果可以的話，我眞希望能夠變到故事書裡去，那樣我就不會天天被打了。」

一大早，我推開圖書館的門，裡面一個人也沒有；打開燈，找了幾本書，脫了鞋，在「赤腳區」的角落舒舒服服的坐下來，看著書，等著孩子。

小文背著書包，拎著水壺，笑盈盈的走進圖書館。

「貓頭鷹，早！」

「小文早啊！」我拍拍身旁的空位，她丟下書包，扯扯裙子就在我面前坐下。

「貓頭鷹！妳今天要講什麼故事？」小文邊問邊翻動著我的書。

「妳很喜歡聽故事？」

「是啊！妳講的故事好好聽喔！」

「媽媽在家裡常講故事給妳聽嗎？」

「媽媽都說她很累，叫我自己聽故事帶，不要吵她。」

「那媽媽在家裡都忙些什麼？」

「她都在看電視，一齣接一齣！」她頓了一頓，「她說我最煩了，快被我吵死了！」

我的心頭一緊，用力摟摟她的肩，她又說：

「故事書裡的媽媽最好了，都不會打小孩。」

「媽媽常打妳嗎？」

「嗯，還有阿公、阿嬤、爸爸都會！」她皺一皺眉頭說：「都是阿嬤先罵我，再去拿棍子叫阿公來打我！」

「阿嬤和你們住在一起？」

「沒有，他們住在我家附近；媽媽要我下課先去阿嬤家，等到晚上吃過飯才回家，我最討厭去阿嬤家了，他們好會罵人喔！」

「妳怕阿公打妳？」

「是啊！」一臉驚懼的模樣。

「妳是不是覺得大人都很凶、很可怕？」她點點頭。

「那妳怕不怕我？」她遲疑了一下，玩弄著裙角微微的點頭。

「妳是怕我一生起氣來，也會打妳？」

這時，幾個孩子突然擠了進來；「說故事了！」孩子們興奮的笑聲，掀起了「說故事」的布幕，而我們之間的談話也就告一段落了。

「說故事」進行了一陣子，小英突然說：

「我有個故事，想說給大家聽！」

「好啊！」我高興的答應。

「大家來猜拳好了。」有人提出解決方案。

結果，小英第一、小文第二、阿明第三……。

沒想到小英還沒講完，就打了上課鐘，小英只好草草結束，大家準備回教室上課，排在第二的小文，突然指著小英破口大罵：

「都是妳害的！都是妳害我沒得講！」罵完還拳打腳踢起來，我一把抱住她，不讓她打到小英。

小英哭著跑回去時，阿明則在一旁說：

「妳幹嘛要罵人，我不也是一樣沒得講嗎！可是我就沒生氣啊！」然而，盛怒的小文依舊扯著嗓門大聲的罵著、雙腳用力的踢著。過一會兒，我雙手略鬆。

「小文，我有話跟妳說……」她有如脫韁之馬的跑了，我緊追在後；側身閃過將要闔上的圖書館大門，跳下樓梯直衝操場；「哎喲！」腳一拐，我蹲在地上痛得站不起來，才剛醫好的腳傷又扭到了。抬起頭早已不見她的蹤影，我咬著牙抓著扶梯一拐一拐的爬上二樓，走到她的班級和老師打過招呼後，就到她的位子前面蹲了下來，她壓著頭急急的寫字，不看我一眼。我慎重的凝視著她並低聲的說：

「我是要來告訴妳，我非常不同意妳剛才那麼凶的罵小英。但是，即使是這樣，我也絕對不會打妳！」我歪著頭、溫柔的看著她。

「下星期早點來，我在圖書館等妳喔！」

然後，我再一拐一拐的走下樓梯，開始我一連串找醫生看腳的日子……。

給孩子適度的自由

她像個大人般的移到小英面前，以堅定又溫和的態度說：「妳有什麼事，可不可以用說的，不要用罵的！」

小英和小文是同班同學，小文不在時，小英會一直念著她、擔心著她會忘記來聽故事，好像她們倆是十分要好的朋友一樣；可是，一見面，小英卻立刻換上一臉厭惡的表情，不停的罵她。

有一次，當我正在說故事時，突然，小文又出手打小英了。兩人立刻陷入一片混戰之中——大個子的小英用嘴惡狠狠的罵過來，小個子的小文用手凶巴巴的打回去！

我一如往常的先制止動手打人的小文，再問：

「妳為什麼要打人？」

「我一進來她就瞪我、罵我！」小文氣呼呼的說。

「妳不喜歡別人瞪妳、罵妳？」

「我媽媽最愛亂罵人！」沒想到，小文話風一轉，居然將媽媽牽扯了進來，「每次媽媽罵我的時候，我就用腳踢她！」這般暴力的回應，著實的嚇我一大跳。

「媽媽常常罵妳？」

「嗯！」

「妳很討厭被人罵？」

「嗯！」小文不經思索，斬釘截鐵的立刻回應。

「只要有人罵妳，妳就會氣得想揍他？」

「是啊！」絲毫沒有商量的餘地。

「可是，妳一打她，她就會更生氣，她一生氣就會再罵人啊！」

我拍拍她的手：「可不可以再想想其他的法子？」

「那我也把她罵回去好了！」

「可是，妳罵她、她也一定要罵妳呀！還不是一樣；這樣還是沒有辦法叫她不罵人啊！」

我又說：「再用心想想看吧！」她看看我又偏過頭去看看小英，沉默了好一會兒，認真的說：

「那……，我用說的好了！」

我驚喜萬分的摟著她，說：

「妳太厲害了！想到一個這麼好的方法。」

我試探的問：「妳要不要對小英說說看？」

沒想到，她像個大人般的移到小英前面，以堅定又溫和的態度說：

「妳有什麼事，可不可以用說的，不要用罵的！」我在一旁，感動的望著小文的驚人之舉，更期待著良善的互動就此產生。

「可是，誰叫妳昨天撿到錢不交給老師！」不料，卻迸出了一坨「昨天」尚未消化的「宿便」。

「妳說什麼？」小文有些錯愕，「昨天的事，妳在氣昨天的事？」

「妳昨天撿到錢沒交給老師，居然還拿去買科學麵！」小英嚴厲的指控她。

小文皺著眉，一臉不解的看著她。

「她沒把錢交給老師反而去買科學麵，這讓妳很生氣？」我小心翼翼的試探著。

「是啊！我媽媽說撿到錢要交給老師。」她大聲的說：「可是她沒有，還拿去買科學麵，請全班小朋友吃！」我回頭看了小文一眼，這孩子還真大方呢！

「我是有請小朋友吃科學麵！可是，妳為什麼要生氣呢？」小文緊追著不放。

是啊！她為什麼這麼生氣呢？我突然覺得很好奇，眼前小文說話的口氣彷彿是包青天再世，只不過少了些正氣凜然的樣子，卻多了些忿忿難平與委曲的神情……。

而在小英的心中，到底積壓著什麼樣的情緒，不得紓解？

「因為所有的小朋友都擠到前面去吃！」還是一個奇怪的答案。

「那妳又為什麼生氣？」小文依然不解的再問。

「我在後面一直被擠來擠去！」還是氣呼呼的口氣。

「那妳不會也出來吃！」小文有些不耐煩的問。

「我媽媽說不能隨便吃別人的東西！」

我似乎看到了一些端倪。「小英，妳平常喜不喜歡吃科學麵？」

她遲疑了一下，輕輕的點點頭。

「那妳媽媽會買給妳吃嗎？」她搖搖頭。

想吃卻不能吃的痛苦，應該是很難受吧？母親的禁令緊緊的拴住小英的心，守著它從不敢正視自己的需求；對於小文的行為，除了羨慕她恣意而行的大膽外，是不是也嫉妒著她不受教條拘束的自由！

有時在校園的轉角處碰到小英媽媽，總會從她的言談中，感受到一股莫名的焦慮；她對小英有甚多的要求與期待，「不滿的責備」與「低頭不語」幾乎是她們母女一貫的對談方式。

小英在與同儕相處時，也總是以責備、批評的口氣呈現，使得她在班上交不到朋友。也許「拾金不昧」也是個該討論的重要課題！只是，在小英心裡，她所在意的，真的是這件事？還是別的呢？

讓孩子看見更好的自己

什麼時候，媽媽可以不用再那麼辛苦的工作？什麼時候，媽媽不會再愁眉不展？而我什麼時候才可以成爲美麗的長髮姑娘？

今天早早就到學校，沒想到遠遠就看見小慧已經坐在那裡翻閱書籍。

「這麼早就來了呀！」我和她打了招呼。

「是啊！我想早一點來看書和聽妳說故事呀！貓頭鷹，妳要不要看看這本書，好好看喔！」她高興的遞給我看她手上的書——《長髮姑娘》。

「妳喜歡這個故事？」

「長頭髮好漂亮！」

「妳喜歡長頭髮？」

「是啊！像我短頭髮就醜死了！」

「我怎麼不覺得呢？我覺得妳留短頭髮好清爽、好可愛！」

「可是，同學都說我的頭髮剪得像馬桶蓋！還說我是醜八怪！」

「他們這樣說妳，妳一定很難過。」她憂鬱的點點頭。

「我好希望能留長頭髮！」

「為什麼不留？」

「媽媽不准我留！」

「妳有沒有告訴媽媽，妳的想法？」

「媽媽才不聽呢！」她嘆了一口氣，又說：「媽媽從不聽我說話！她說她要賺錢付姊姊的學費，還要養我們，要很辛苦的工作；她不准我留長頭髮的。」

原來要當「長髮姑娘」也要有一個悠閒又富裕的媽媽？

這時，正好走進一位穿著短裙、綁著兩條辮子的女生，小慧羨慕的看著她：「我也好喜歡裙子呢！可是，一跑起來內褲就會被看見，所以媽媽就叫我穿褲子，我就一直穿褲子上學，同學都笑我醜死了！」

看著她鬱卒的臉，我感到十分的心疼。

「穿褲子也是妳自己的決定嗎？」

她點點頭，說：「可是，穿裙子比較漂亮！」

那位穿裙子的小女孩忍不住的插嘴說：「妳想穿的時候也可以穿啊！」

她眉頭深鎖，慢慢的說：「我現在都穿褲子，不再穿裙子了；即使我穿裙子，大家還是要笑我的！」

大正喘著氣推開小門歪歪斜斜的走進來，他瞄了一下小慧旁邊的空位；小慧立刻換回她一貫不滿、嫌惡的表情：「走開，離我遠一點！」

大正的情緒一下子就被挑了起來，非但沒走開，反而像被磁鐵吸引般的靠過去；我伸出手拉住他的手，笑盈盈的邀請他：

「大正，貓頭鷹旁邊有個位子，你來和我坐在一起好嗎？」坐在我旁邊聽故事一直是他的最愛，所以，一場紛爭就這樣的化為烏有。

小文也進來，一股腦兒的坐下來之後就不停的咳嗽；這次她記得摀住嘴巴了，我輕拍她的背讚賞的說：「現在妳咳嗽都會摀住嘴巴了，非常謝謝妳這樣照顧大家！」

猶記得上學期小慧就曾抱怨說：「每次咳嗽都不摀嘴巴，害我感冒不會好，都是被妳傳染的！」

對於小慧如此誇張的指控，當然引起了小文激烈的反彈，不過，在我重新引導之下，也讓小文能了解別人的感受。只是，我實在不明白，同樣是一句話，為什麼從小慧口中說出總是充滿了批評、責備；也因此，她就經常受到小朋友們的攻擊。

我老覺得她像是一個判官，看不慣周圍的人的言行舉止，不時的想提醒別人的錯；她悲傷的看著那些她關愛的人，他們非但不曾痛改前非、更不了解她的苦心，只會一味的傷害她、打她！而最令她難過的是，他們都不和她玩了！

將心比心我們也曾年少過

小時候騎坐在爸爸的肩頭上，兩隻小手緊緊抱住爸爸前額時的幸福感覺，爲什麼在上了小學之後，便消失了？難道童年眞的這麼短暫嗎？

早上，帶著一本小小的圖畫書《我最討厭你了》到這群大小孩的團體裡去，想做個大膽的試驗；到底「好的故事書」有無分年齡的高低？

等了一會兒，大孩子們陸續脫鞋進來，熱情的跑來和我打招呼，我引導大家圍成弧形之後，便退到小凳子上坐下來，拿出手中的小書，說：「我不知道你們還記不記得小時候的某些心情，例如：流著口水，羨慕的看著別人吃糖，或找不到媽媽的害怕，那樣類似的心情，延續到我們長大還是經常會出現。我今天特別帶了一本描寫小小孩和他的好朋友吵架的圖畫書，內容相當精采，作者運用簡單卻生動的筆觸，勾勒出我們每個人童年難忘的經驗；我相信這樣的事情都曾經發生在你我的身上！」

「先拿出來看看再說嘛！」一個孩子不耐煩的打斷我。

「快點講！」其他人附議著。

在眾人的期盼之下，我緩緩的念出書名《我最討厭你了》，然後，一句句的引領著他們走入書中的世界……。

當故事講完時，孩子們被書中率真的童稚之氣引得咯咯的笑著；過了一會兒，我問：「還記不記得自己小時候的事？」大家點點頭。

「小時候常常回外婆家，外婆住在鄉下，種了好多水果和蔬菜，我每天都到果園裡爬樹、抓蜻蜓，好好玩喔！」

「我最喜歡去公園盪秋千了！」

「小時候最好了，都不用上學讀書！」

看著大家興奮的述說著自己快樂的童年時光，不能自己時，我索性提議：「我們把自己最開心的事畫出來好嗎？」

「好啊！」有人愉快的贊成。

「可是，我不會畫呀！」有人扭捏的遲疑著。

「畫得好不好不重要，重要的是把那樣快樂的經驗畫下來，讓它重回到我們的眼前！」

這時，已經有人開始趴在地板上認真的畫了起來，慢慢的就連剛才猶豫的人也到前面來拿了一張白紙，慢慢的進入狀況。

繪畫實在是件有趣的事，才沒多久的功夫，現場就被五顏六色的粉蠟筆渲染的熱鬧非凡。每個人都被自己的作品吸引，並且專注的與自己的心靈對談。

「我畫好了！」阿強抬起頭，神采飛揚的看著我說。

我湊近一看，明亮的色彩描繪出一個小孩興高采烈的騎在大人肩頭上的畫面：「我就是這個小孩，他是我爸爸！」阿強指著畫對我說明，「以前，爸爸常常讓我騎在他肩上，和媽媽一起去逛街！」

「我小時候也曾騎在我爸爸肩上，好好玩喔！」有人附和著這樣的經驗。

「這真是一段難忘的童年。」我注意到他浮現出一股如夢似幻的幸福神情。

「那時候爸爸對我好好喔！常常帶我出去，買東西給我；不像現在動不動就打我、罵我……」

「現在爸爸管得較嚴？」

「何止嚴！我覺得他根本就是看我不順眼，討厭我到極點……」

「貓頭鷹，我也畫好了！」燕子拿著畫跑過來拍拍我的肩。

「妳要不要告訴我們，妳畫的是什麼？」

「爸爸、媽媽帶我去爬山！」燕子開心的說著。「以前只要有假日，我們全家都會出去！」

「那現在呢？」

「現在？哎！哪有假日，都被安排到補習班上課囉！」

「哦！」

「媽媽說我功課不好，以後上國中會跟不上，沒辦法！只好大補特補了。」孩子們在一旁與她嘻笑逗弄著。

「我媽老是說讀書都沒時間了，哪有時間去玩！噯！補、補、補，都消化不良了，還補！」

看著他們一張張的畫，聽著他們神采飛揚、容光煥發的描述著當年的快樂時光；又神色黯然的說到今天的無奈時，真覺得他們說的：「小時候真好！」實在有理！

只是，這句話在我這個年長他們數十歲的人聽來，真是有些啼笑皆非；十一、二歲對我而言不也還是「小時候」嗎？可是，為什麼眼前這些歸類在我的「小時候」時期的孩子們，卻已經有「年少不再」的感喟了？

part 4
看見孩子的聰明與脆弱

建立孩子的同理心

> 如果那是屬於他目前無法克服的「困難」，我們可不可以不要再去增加他的「壓力」，好讓他自己慢慢的去克服？

玉珠每天總是愁著臉，不斷的告訴我班上哪個男生又打她了，哪個女生也欺侮她；哀傷的表情掛在幼小的身軀上，顯得沉重的不太相稱。

「我沒有半個朋友！」她沮喪的表示著；但是這樣的渴望好像不太容易從她的行為上看出來。「走開啦！」、「討厭！」幾乎已經是她開口閉口的口頭禪了，身邊的小朋友一個個像見鬼似的躲她遠遠的，沒人願意理她。

有一天，玉珠等大家都走了以後，突然問我說：「貓頭鷹，妳為什麼要講故事給我聽？」

「因為，我們是好朋友啊！而且，我知道妳喜歡聽故事，所以，就說故事給妳聽啦！」

「可是我媽媽說我是個討人厭的小孩，妳為什麼還要說故事給像我這樣的人聽？」

「我從不覺得妳是個『討人厭的小孩』！我猜媽媽的意思是不是在說：她不喜歡妳生氣的樣子呢？那時候的妳，也許會讓別人覺得不舒服。因為，人在生氣的時候，臉會很臭、聲音會很大；結果旁邊的人，常常會跟著生氣起來，也就會說一些生氣的話；不過，那些通常不是真心的。」我拍拍她的手背，疼惜的說：「我想妳也不喜歡常常生氣，對不對？」

她低下頭，悠悠的說：「是啊！每次都是他們先來弄我，叫也叫不聽……」

「妳很不喜歡別人碰到妳的身體？」她用力的點點頭。

「但是，小朋友卻偏偏愛來逗弄妳，惹妳生氣，是不是？」她很無奈的嘆了一口氣。

這種「非常不喜歡被別人隨便亂碰」的潔癖，的確帶給她自己和別人不少的困擾。在我的小團體裡，幾乎每次都要面對她和小朋友們大大小小的衝突。

她尤其對老愛搖晃著身子的元元更是感冒萬分。每每只要遠遠的看到他背著書包靠近，她就開始焦慮不安的說：「不要靠過來！不要靠過來！」然後再也聽不下故事了；她把所有的注意力放在元元身上，只要他一不小心碰到她，她會立刻跳起來大罵：「幹嘛亂碰人！討厭耶！」罵完就一翻身、板著臉的背對著我們，坐到角落上獨自生悶氣。

我常常不斷的思索著到底要如何去幫助她，幫她走出人際關係的藩籬……。

一如往常的，這次她又是氣呼呼的背對著我們聽故事，原因仍然是元元不小心碰了她一下；我讓所有的小朋友先行離開，留下了他們兩個人。

「玉珠，剛才妳好像不太高興？」

「誰叫他動不動就要碰人。」玉珠狠狠的瞪了元元一眼。

「玉珠，妳是不是非常不喜歡被別人碰到身體？」她嘟著嘴、皺著眉頭「嗯」的一聲。

「元元，你是故意去碰她的嗎？」元元一臉無辜的搖搖頭。

「其實元元也不是故意要去碰玉珠的，對不對？」元元認真的點頭。

「元元只是對——如何好好的控制住自己的動作這件事，感到有些困難而已，是吧？」看看玉珠，發現那本來緊皺在一起的眉頭漸寬。

「就像是玉珠也有屬於她自己的困難，那就是她不喜歡讓別人碰到她的身體，只要被碰一下下就忍不住要生氣一樣；其實，每個人可能都會有一些沒辦法克服或覺得困難的事，而那些都不是故意要去做的，是吧？」

他們倆都安靜的聽著：「所以，如果我們知道那是屬於他的『困難』，我們可不可以不要再去增加他的『困難』，讓他自己慢慢的克服自己的『困難』？」我拍拍他們倆的肩，笑著說：「好啦！該回去上課了，我們下禮拜見。」

玉珠先跑回教室去，而元元仍慢條斯理的綁著他的鞋帶，我蹲下去對元元說：「元元，以後我們一起來幫助玉珠好嗎？」元元定定的看著我，沒說什麼。

過了一週，又到了說故事的時間，孩子一個接著一個走進來聽故事；元元還是背著他的大書包，大條不甩的姍姍來遲，玉珠不出所料的又皺著眉頭煩躁了起來，我輕撫著她的肩，對著元元眨眨眼；沒想到一向固執的元元，這次居然繞了一大圈走到另一邊，遠遠的避開她，若無其事的找個位子坐下來；玉珠的情緒也逐漸的平穩，輕鬆的與大夥兒一同沉浸在故事的情節中。

故事結束時，我十分欽佩的對元元說：

「元元長大了，你開始懂得如何去照顧別人了！」

他還是沒說什麼，抬起頭只對我眨眨眼，再笑笑的看著我。

拋開成見與刻板印象

「以大欺小」是我們慣常熟悉的畫面！但是這會兒，受害的居然是一個長得高壯的強者！

剛吃完晚餐，就接到阿雄媽媽打來的電話。「阿雄說考試快到了，明天不能去聽妳講故事，所以，要我先跟妳請假。」故事講了這麼久，我對於小朋友的來去，一向都是採取隨意的態度；孩子們也依著他們上學的早晚而自由的決定是否加入。沒想到阿雄會如此慎重來請假，令我感到非常感動。

「請妳告訴他，我很謝謝他特地打電話來告訴我。妳知道嗎？他是有始以來第一個打電話向我請假的人。」

「他一下課回來就一直催我打電話，從來就沒見過他這麼積極的關心一件事！」

「阿雄真的很喜歡來這兒聽故事。」我開心的回應著。

「貓頭鷹，最近阿雄在妳那兒表現如何？」媽媽突然小心翼翼的問道。

「很好啊！」我未經思索立刻衝口而出。的確，那憨厚的笑容總是在我故事講完時，著著實實的送了過來，對我而言，「好強鬥狠」實在很難與他畫上等號關係。

「可是，我今天到學校去還看到他正在追打一個小朋友；我急得叫住他，他卻因打不到小朋友而氣得大摔書包呢！」阿雄媽媽擔憂的說：「而且，問他為什麼要打人？他卻什麼也不肯說。」

「阿雄媽媽，讓我試著和他談談看，可是要請妳不要在場，好嗎？」

「那就拜託妳了！」憂心忡忡的媽媽將話筒轉交給了孩子。

「喂！」電話那頭傳來阿雄怯弱的聲音。

「喂，阿雄，是我！貓頭鷹啦！我要謝謝你這麼有禮貌，不來聽故事還請媽媽打電話來向我請假，你知道嗎？你這樣做讓我感到好高興喔！謝謝你！」

「呃，呃……」他顯然有些手足無措的不知如何應答。

「聽媽媽說今天早上你好像很生氣，願不願意告訴貓頭鷹到底是怎麼一回事呢？」

「嗯，沒什麼啦！」語氣閃閃爍爍、略帶不安。

「是不是有什麼事讓你覺得很委曲，所以才會氣得想打人？」雖然是挑明說開，但仍先站在他的立場去解釋「打人」一事，而不對事情的是非做評判。

「大維每次都亂罵人，什麼色狼、變態一堆的！」話筒的一端傳來憤憤不平的聲音。

「聽到他們這樣隨隨便便的亂說，實在是令人非常的生氣啊！」

「就是嘛！只因為我喜歡跟女生玩，他們就在旁邊鬼叫、鬼叫的，真是討厭！有時候還會故意跑過來用力的撞我。」

「你覺得跟女生玩比較好，不像男生那麼粗暴，是不是？」

「對啊，可是每次我去找女生玩，他們就罵我色狼！」

「他們怎麼可以這樣罵你，大家都是同學嘛！」

「就是嘛！他們最愛欺侮我了，像上次游泳課換泳衣的時候，他們就來掀我的布簾，然後一群人站在外面大笑，還不時的用手去戳布簾嚇我，害我緊張得都不敢換衣服！」天啊！孩子的世界原來也有這麼可怕、殘酷的一面？

「他們這樣對待你，你一定覺得很難堪吧？」

「是啊，所以我最討厭上游泳課，可是又不能不上……。」可憐的小孩，這樣的事情大人為什麼都不知道？「每次到最後我就會氣得想打人，他們就跑去告訴老師，老師還罵我以大欺小。」

原來，問題是出在——真正的受害者居然是一個長得高高壯壯的強者。我想老師一定想不到，大個子也是會被欺負的。

「對了！為什麼早上媽媽問你的時候，你不願意說呢？」

「那時候我在生氣！」

「現在還在生氣嗎？」

「沒了！」

「既然不氣了，那等一下媽媽如果問你，你要不要告訴她？」

「不要！」想也不想的立刻回答。

「為什麼？」

「我怕她會罵我。」

「可是！那天她親口告訴我說，從現在開始她會盡量不再打你，罵你了！」

「她也是這樣跟我說的啊。」他嘿嘿的笑了幾聲：「可是，誰相信啊！剛開始她很像是好好的在說啦，可是沒兩、三下就會愈來愈大聲的罵了起來，再接下去就劈里啪啦的打人了！」

「所以，你才不敢告訴她？」

「對啊！她知道了一定又要念一堆。」他認真的說：「念到最後就會罵：『不管怎麼說你打人就是不對，難道你不知道不可以打架嗎？』哎！真煩。」

被同學欺侮，卻因為自己是大個子而被老師冤枉，已經夠倒楣了，如果回家還要面對媽媽的指責，實在是會令人感到有些「情何以堪」的難受！

求好心切的父母親，每每看到孩子遇到挫折時，總會急切的告訴孩子不要這樣、不要那樣才對！恨不得全部倒帶，再在自己的指示下重新來過。只是，我們可不可以先聽一聽孩子心中的委曲，慷慨的給孩子一個可以依靠的胸膛，到時候你可能就會想出一些孩子比較聽得懂的話，那時再慢慢的說給孩子聽吧？

理解孩子遇見的困難

小偉落寞的身影，彷彿是枯葉般的飄落，無情的大人毫不留情的踐踏、摧殘，就等這片殘葉，默默的消失在泥土之中……。我們能不能找出另一種胸襟，來安置一個不合我們標準尺寸的孩子？

走進穿堂，剛銷產假回校的陳老師，正滿面春風迎面而來。

「恭喜喔！陳老師，聽說妳生了個胖兒子。」

笑瞇了眼的陳老師，忙不迭的回應著，初為人母的喜悅，毫無保留的展現出來。

「身兼媽媽和老師兩種角色，得辛苦一陣子了。」想到她日後將在奶瓶和粉筆間打轉著，不禁心疼的說。

「是啊！以前每天下班回去就已經累慘了；現在，還要再照顧一個奶娃，真不知道該怎麼辦。」憂愁微露在陳老師眉宇之間，她接著又說：

「現在為人母了，才深知養兒的辛勞！」

「喔，對了！貓頭鷹，那些孩子現在怎麼樣了？」陳老師話題突然一轉。

「我們都成為好朋友了，他們非常喜歡聽故事，也喜歡看課外書。」

「妳對他們付出的真多！」

「我只是覺得每個小孩都有被愛的權利。」突然，眼前又浮現出小偉無助的眼神……。

「陳老師，妳知道小偉班上的家長要他轉班的事情嗎？」

陳老師點著頭，回答說：「以前我不了解，現在生了小孩之後，才了解到母親的心情。」

「喔？」我心頭一亮，不由得懷著尊敬心情，全心的聆聽著。

「如果，我是那一班的家長，我怎樣也不會放心讓小偉和我的小孩一起上課。」

她伸手扶了扶下滑的鏡框，繼續說：「他那種無法控制情緒，動不動就要狂飆的小孩，也不知道什麼時候會傷害到我們自己的孩子，這是每一個母親都無法忍受的事啊！」

「可是，妳有沒有想過：如果，妳的孩子以後跟小偉一樣呢？」一股熱血突然湧上咽喉，我想也不想的脫口就迸了出一句不該說的話！

陳老師臉一沉，悻悻然就離去了，留下我一人呆呆的愣在原地。待回過神時，兩腳早已沉重的拖不動了。

誰都不願意當「問題小孩」的媽媽，可是，又有誰願意當「問題小孩」呢？無論那個問題是來自於「生理」或是「心裡」的。

標出「問題」兩個字，到底是為了易於幫助他們？還是方便隔離他們？

小偉落寞的身影，彷彿是枯葉般的飄落，無情的大人毫不留情的踐踏、摧殘，就等這片殘葉，默默的消失在泥土之中……。可是，他卻不是一片落葉；他是一個小孩，一個會長大成人的小孩！

每個小孩都需要成人大量的愛，如果在大人長期的忽略或傷害下，極易造成他們日後個性上的偏差。今天，我們把「問題小孩」趕出班級，可是他仍在這個學校；如果，我們也把他趕出這個學校，他卻仍然還在這個社會啊！當他長大了，拳頭也大了，他一定會記得這個社會是怎麼的排擠他、傷害他的；等到那時候，反撲的力量才是「每一個母親都無法忍受的」啊！

如果，我們真正深愛著我們的孩子，不願我們的孩子被別人欺侮，就應該去正視問題的根源！我們與其害怕的把自己的小孩藏在家裡，日夜擔心著壞人不知何時會出現；不如積極的走出去，分出一點心去愛那些需要愛、需要照顧的小孩；努力去擦拭掉每個烙印在「問題小孩」身上「問題」，才是真正有效的保護措施吧？

和孩子一起學習正面表達

在與別人應對時，我們常常會不自主的去猜臆別人的動機；然而負面式的猜臆，往往讓自己陷入痛苦之中。試著主動、積極的「釐清」與「溝通」也許是個不錯的方式！

當我抱著書經過走廊時，幾個女生嘻嘻哈哈的跑過來擠在我身邊；「咦！是妳們！怎麼這麼早？」原來是小燕她們。

「貓頭鷹，前幾天我把妳說的故事，說給我弟弟聽，他說好好聽喔！」小倩甩著她的長髮神采飛揚的說著。

「真的？妳弟弟一定很喜歡聽妳說故事，對不對？」

「我從來不知道，我弟弟能夠乖乖的坐那麼久，聽完一個故事！」小倩興奮的描述著當時的情境。

「沒想到妳家的小蟲，一碰到故事就開始變成蛹了！」小燕在一旁打趣著。

大家一邊談笑一邊脫鞋子走進我們的「故事窩」，不一會兒，男生也擠進來了；小小的置鞋區，一下子承載不了如此暴增的數量，我只好請大家去把鞋子重新排好以增加容量。

不料，幾個男生邊排鞋子邊丟鞋子玩，接著而來的即是一陣混亂的局面；咒罵聲、嬉笑聲此起彼落，我走過去拍拍那位帶頭的男生的肩膀，問道：「可以進來了嗎？」

他憨憨的一笑，回頭叫了一聲：「好了啦！」

一夥人立刻收工爬進窩來，找到屬於自己的位子：小申選擇了一個遠離大家的「觀察座」，阿國、小虎又坐上糾纏不清的「兄弟座」……，我正準備說話的時候，眼角一掃，突然發現，平時沉默不語的阿惠正低著頭好像在落淚。

「阿惠，我看到妳在哭，是嗎？」

「他們又把她的鞋子丟出去了！」我抬頭往外看，果然，在走廊遠遠的那一頭躺著一隻鞋子。

「愛哭鬼！就只會哭！」男生嫌惡的譏笑著。

「你們不喜歡看到她用哭的，那你們希望她怎麼做？」

「她可以用說的啊！」

「妳可以告訴他們妳為什麼哭嗎？」她整個臉埋入手臂裡，一點也沒有想說話的樣子。

「妳是因為妳的鞋子被丟到外面去，所以才哭嗎？」她點頭，終於有了回應。

「要不要說說看，發現鞋子被丟在外面的感受？」

「很……難過！」她在抽搐中傳出微弱的聲音。

「能不能多說一些為什麼難過？難過些什麼？」

她擦了擦眼淚，想了一會兒，才慢慢的說：「大家都瞧不起我、不喜歡我，所以才會丟我的鞋子。」說完，眼眶一紅又掉淚了。

我抬頭問男生說：「你們是因為瞧不起她、不喜歡她，才特別選她的鞋丟的嗎？」

一群男生你看我、我看你沒人搭腔，我又說：「你們不希望她哭，要她有話說出來，現在她說了，你們不回應她嗎？」

幾個男生突然推著阿國說：「是你丟的，你去說！」阿國不說一句話，挑著眉、聳聳肩，一副等著受罰的無奈表情。

「當別人對我們做了一些事時，我們常常會自己去猜測別人的動機；而猜測的常常與事實有很大的距離，所以，我們才會希望彼此說出來核對一下，也藉此了解一下彼此的感覺。」我努力的把我的想法表達出來給大家知道。

「我並不知道那是她的鞋子！」阿國突然迸出一句話。

「所以，也不是因為看不起她才丟的？」我立刻緊追著問下去。

「是的！」他肯定的回答。

「那你現在知道阿惠為什麼哭了嗎？」

阿國點點頭，然後就跑出去撿回那隻鞋子。我十分驚訝阿國的表現，立刻給他一個即時的回應：「你不希望阿惠再那樣想，再以那種令自己難過的想法來傷害自己，是嗎？」

阿國說：「根本沒有的事，幹嘛自尋煩惱？」

我笑笑的轉向阿惠：「妳現在有沒有覺得好一點了呢？」

阿惠害羞的點點頭，不再流淚了。

我深深的舒了一口氣，忍不住的說：「知道彼此的感覺真好！」

重視言語對孩子的影響

那些常做壞事的小孩，身邊有沒有一個常說好話的媽媽？那些常做壞事的小孩，是不是從來都不知道自己也可以成為一個好孩子？

走在學校的操場，暖暖的陽光灑在我寬鬆的毛衣上，凜冽的空氣夾雜著幾分暖意，我找了個晒得到太陽的角落席地而坐，慵慵懶懶的享受著這難得的日光浴。遠遠的看著學生們在柔和的光影下追逐，清脆的笑聲伴著高亢的吆喝聲，將整個校園一下子喚醒了起來。孩子，對這個世界而言是多麼的重要啊！有如老樹梢上的幾許新綠，在沉悶的鬱青中流竄出一片片撩人的春意！

一大片烏雲不知何時突然飄來，遮去了陽光，在空曠的操場中我不禁打了個冷顫；於是，我拍拍裙子站了起來，也順便收拾起剛才的心情，準備去說故事。

目光一掃，遠遠的看見兩個孩子正在操場的另一頭扭打著，我好奇的走過去，其中的一位眼尖，大叫：「老師來了！」說完，拔腿就跑；留下另一個孩子，站在原地生氣得大吼大叫。

等我走近一看，「小維！怎麼是你？」

小維抬起他那張氣呼呼的小臉，咬牙切齒的罵道：「不要臉！偷人家東西還敢說沒有！」

「你是說他偷你的東西？」

「是啊！他偷了我的科學麵！」

「你怎麼知道是他偷的？」

「他常常偷別人的東西被老師抓到！」

「可是，你怎麼確定你的科學麵就是他偷的呢？」

「早上我買了兩包科學麵，本來想全吃光光，後來想留一包等下午肚子餓了再吃；所以就放在抽屜裡，結果卻不見了，而他正在教室外面吃我的科學麵！」

「你怎麼知道他吃的那包是你的呢？」

「那上面有我作的記號！」

「喔？」

「嗯！真的有我的記號！因為我本來想全都吃完，所以第二包的角角有被我撕下個小縫，而他吃的那包科學麵的角角也有個小縫，妳說，是不是他偷去吃的！」

看他言之鑿鑿的樣子，我就問他：「你現在打算怎麼做？」

「我要去告訴老師！」

「嗯，這也是個好法子！」我想了一下又問他：「以前，老師都怎麼處理？」

「老師會處罰他，會在他的聯絡簿上蓋氣臉！」

「那他會怎樣？」

「被處罰時他沒怎樣，可是一被蓋氣臉就會哭個不停！」

「你知道為什麼嗎？」

「不是很清楚，大概是怕回家會被打吧？」

「你覺得大人們這樣處理，對他有用嗎？」

他想了一下，說：「應該沒什麼用！」

「為什麼？」

「有用就不會又來偷我的科學麵！」似乎言之有理！

「你猜他為什麼要偷你的科學麵？」換個角度來想想事情，也許會有不同的發現。

「嗯，」我頓了一下：「那……小維，如果換作是你，想吃卻又沒錢買的時候，你會不會想去偷別人的？」

「不會！」不假思索的回答。

「為什麼？」

「平常我沒帶錢上學時，同學買了東西也會請我吃，我都覺得很不好意思了，怎麼可能再去偷別人的。」

「你可不可以告訴我為什麼你不會偷別人的東西？」

「因為……我是模範生！模範生是不會偷東西的。」我差點兒忘掉他曾經被選為班上的模範生這事。

「如果，大家都非常喜歡你這個模範生，無論你做什麼，也沒有人會怪你的時候，你會偷東西嗎？」

「還是不會！」

「為什麼？」

「因為，我是個好孩子，好孩子不做那種不對的事。」

「你的意思是不是說，一個人是因為覺得自己不好，才會去做不對的事情？」

「嗯，也許吧！」

「那，可不可以告訴我，除了當上模範生這件事以外，為什麼你會覺得自己是個好孩子？」

他停下腳步想了一會兒，露出了甜甜的笑容說：「因為我媽媽常常跟我說，我是老天爺送給她最好的禮物。」

「所以，你相信自己一定是個好孩子！是嗎？」我蹲下來看著他繼續往下探。

「那麼，我猜那些常做壞事的孩子，身邊可能沒有一個會這樣跟他說話的媽媽吧？所以，他從來不知道自己也可以成為一個好孩子，才不斷的做壞事，你想會不會是這樣呢？」

「嗯，也許是吧？」我站起來往前走，小維在後面邊走邊踢著小石子，過了半晌，突然抬起頭認真的對我說：「其實，我並沒有看到他偷我的東西！也許那真的是他自己買的也不一定，我不應該那樣說他！」

對於他這突如其來的改變，令我大吃一驚；他又喃喃自語的說：「被人罵小偷的心情一定很難受的！喔，上課了，我要回教室去了；貓頭鷹，謝謝妳！我會記得今天我們所說的話！」

看著他逐漸跑遠的背影，不自覺得對著他大叫：「小維！你能這樣想，真好！我佩服你！」

他回過頭來笑著對我揮揮手呢！

突然，操場又明亮了起來，抬起頭，天上的那片烏雲不知何時已經飄走了！

陪孩子正向面對爸媽離婚

> 當企鵝蛋孵化之後，企鵝爸爸和企鵝媽媽就開始合力的照顧牠們的小企鵝，直到小企鵝長大爲止；可是，爲什麼身爲萬物之靈的爸爸媽媽，卻常常不等到孩子長大，就各奔前程？

懷裡抱著一堆圖畫書，走進圖書館，從書架後面看到阿倫正埋首於書堆中。

「阿倫，來！我們進去說故事了！」

我將書放在腿上，阿倫挑出一本封面上畫了個站在門後露出半邊臉的小女孩的書，問我說：「講這本好嗎？」

「沒問題！」一看，書名翻譯成中文是《爸爸媽媽不住一起了》（注7）；這本書是我特別從「信誼基金會幼兒圖書館」挑出來的原文書，因為我覺得面對這麼複雜的成人社會，規避不談成人的感情糾葛所製造出來的問題，也不是個好辦法。

這本圖畫書裡面的重點是：完全以孩子的角度去描繪父母離異後的心情。

「貓頭鷹，這本書的畫怎麼一會兒有顏色、一會兒沒顏色？」講完最後一頁時，阿倫提出了一個有趣的問題。

「是啊！這真是一本奇怪的書，有時候是彩色的，有時候卻是黑白的！到底有什麼特別的意義呢？阿倫，你想會是為什麼？」我們倆重新開始一頁頁的審視著，可是，看來看去好像很難從中一窺究竟。

「哎！還是看不出來！」還是舉白旗算了。

「我知道了！」阿倫發現了新大陸似的：「本來應該都是彩色的，可是因為她的爸媽不住一塊兒，害她常常心情不好，所以有些就用黑白的來畫！」

「為了表現她的心情？」我再仔細的翻閱：「真的耶！好像真的就是這樣耶！」

我對他這麼深刻的剖析，實在是佩服得五體投地！

接著他就把這本書拿了過去，緊緊的抱在胸前。

「你很喜歡這本書？」他點點頭。

「你的爸媽住在一塊兒嗎？」他搖搖頭。

「所以你知道她的心情也不好？」他又點點頭。

「她比我好多了，每個禮拜都能跟爸爸在一起。」憂鬱清楚的寫在他的臉上。

「爸爸很久沒來看你嗎？」

「從上次過年到現在。」十個多月的思念，的確很久。

「你很想念爸爸？」

「嗯！」他悲傷的低下頭，幽幽的說：

「媽媽說爸爸外面有女人，不要我們了！因為我和姊姊天天吵架，爸爸嫌我們吵才跑去找別的女人的！」

我一驚，連忙問：「這是誰說的？」

「媽媽啊！」

「阿倫聽到媽媽這麼說心裡一定很難過？」

「是啊！都是我害的！」他絕望的自責著。

「爸爸有沒有說什麼時候要再來看你們？」

「沒有，媽媽說這是她自己買的房子，爸爸又沒付錢，所以叫他滾遠一點。」

「那……可不可以在想念爸爸的時候，打電話去和爸爸說說話？」

「過完年爸爸就搬到中部去了，我不知道他住哪兒，也不知道他的電話，媽媽叫我們以後都不要再理他了。」

「可是，你還是很想爸爸？」

「……。」

我輕輕的執起阿倫的手，注視著他無助的雙眸說：「當初，爸媽因為相愛才結婚，因為相愛才生下你們；可是，後來卻因為很多原因，使得彼此漸漸覺得不喜歡再住在一起；當然，這之間可能會經過很多次的吵架，就好像上次你要玩接龍而小偉卻要玩猜謎，因為彼此想做的事不同而吵架一樣；

如果小偉說那天的吵架是我害的，你覺得是嗎？」他搖頭。

「就算小偉他要這樣說，那也只是你們之間的問題，而跟我無關，對不對？」

「嗯！」

「所以爸媽吵架、離婚也是他們之間的問題，跟你們無關，更不是你們害的！」

他茫然的抬起頭看著我。

我的手撫著他的背說：「你們這麼愛你們的爸爸媽媽，怎麼可能去害他們離婚！」

注7　《爸爸媽媽不住一起了》：遠流出版

婚姻問題不遷怒孩子

當兩個大人因相愛而有了孩子時，叫做「愛的結晶」；可是等到這兩個大人不再相愛時，這個孩子又該叫做什麼？

當小萱推門進來聽故事的時候，其他的孩子都露出嫌惡的表情，遠遠的避開她；而她卻視若無睹自顧自的坐下來，毫不猶豫的露出她一雙滿目瘡痍的腳。我看大家驚慌的樣子，便坐到小萱的旁邊，問她：「腳受傷了嗎？很痛吧？」

「不痛，很癢！」她邊說邊抓著已經快破皮的小腿。

「是皮膚過敏嗎？」

「嗯！」瘦小的雙腳出現一道道白白的抓痕。「這幾天特別癢！」

窗外的樹梢已不見夏日的濃密，涼爽宜人的秋天卻帶給這孩子一身難忍的搔癢；我緊挨在她的身旁坐了下來，一手扶著她的肩，一手拍拍身旁的空位，慎重的告訴大家：「這是皮膚過敏，不會傳染給別人，大家不用害怕！」

我雖是這樣說明，孩子們卻依舊一動也不動的坐在原位，怎麼也不肯過來；倒是小萱淡淡的揚揚眉，說：「貓頭鷹，快點講故事了！」我無奈的拿起故事書，一頁一頁的讀給孩子們聽。

小萱因為父母離異，單獨跟父親住在一起；沒有固定職業的爸爸總在心情不好時買醉解愁，回到家常已酩酊大醉，幼小的小萱也只好自己照顧自己，更不要提到醫院去治療擾人的皮膚過敏了。

剛說完一本書，抬起頭正要從書架上拿事先準備好的書時，赫然發現外面站著一個婦人，小萱興奮的大叫：「媽媽！」小小的臉上漾著少見的紅潤，立刻衝出去緊緊的摟住媽媽。

「小萱媽媽，妳好！我是貓頭鷹，每個星期的今天，她都會來這兒聽我講故事。」

「真是謝謝妳！小萱這孩子非常喜歡聽故事，以前我常說故事給她聽；只可惜，現在都沒機會了……」婦人神色黯然的撫著孩子的頭，哀傷的說：「她父親為了不讓我見孩子，不斷的搬家；我到處打聽，才知道她上這所學校念書。每天早上，我都躲在校門口看她上學；這幾天天氣轉涼，我擔心小萱的過敏又要犯了，所以特別帶著藥想來給她擦，剛才跟著她走進圖書館，沒想到卻聽到妳正在說故事給她聽，看著她聽得入神的樣子，讓我……不禁想起以前的畫面……」講到這兒，她的眼眶一紅，就說不下去了。

小萱媽媽從皮包裡拿出一瓶藥膏，蹲了下去，仔仔細細的在小萱的每一個患處，輕輕的擦上薄薄的藥之後，再將藥膏交到小萱的手上說：「這藥膏好好的收好，千萬不要被妳爸爸看到；每天帶到學校來再擦，知道嗎？」

小萱一手緊緊的捏住藥膏，一手使勁的拉著媽媽的衣服，用力的點點頭。同樣是當母親，眼前的這位母親居然當得這麼辛苦；同樣是想疼惜自己的孩子，眼前的這位母親居然得用這般折騰的方法來疼惜。每個孩子都深愛著自己的父母，為什麼大人們總會在兩人不睦分手時，也要強迫無辜的孩子和他心愛的父親或母親分手呢？

看著她們倆母女情深的樣子，心中十分的不忍，於是衝口而出的說：「今天小萱讀整天，妳中午到教室來，我們一起求老師讓妳們出去吃午飯！」

小萱在一旁聽得眼睛發亮，直問：「可以嗎？老師會同意嗎？」我不忍見她失望，索性胸脯一拍、大膽的說：「應該沒有問題的！」

中午，老遠就看見小萱媽媽站在走廊外焦急的等我，我快步走近，拉著她進去教室；老師正在張羅著小朋友用餐的事，小萱的營養午餐已經四平八穩的擺在桌上；我趨前去向老師說明一切，老師抬起頭看著一臉無助的她，用全世界最悅耳的聲音說：「去吧！一點半記得要帶她回來上課喔！」

小萱媽媽高興的牽著小萱的手，問：「妳想吃什麼？」

「麥當勞！」小萱興奮的大叫。

我和老師目送她們兩人走出教室之後，老師笑著拍拍我的肩說：「來吧！今天小萱的營養午餐就換妳吃嘍！」

那一天，我就心情愉快的坐在小萱的坐位上吃完她的營養午餐。

正視打罵造成的傷害

「我恨死了我的家！在家裡爸爸動不動就打我，他老是說我只會給他惹麻煩！奶奶一天到晚就說我媽是個壞女人……。」我錯愕的聽著這一連串可怕的故事，實在很難相信眼前這個三年級的孩子每天要面對如此不堪的生活？

一天，小君的老師親切的拉著我的手，說：「說故事的魅力實在太大了，班上的學生只要一遇到妳要來講故事的那天，就會自動的特別早到；而且前一天要放學時，彼此總會競相告知，興奮的期待妳的到來呢！」

接著又說：「孩子們都很喜歡妳，妳說的話他們應該比較會聽吧？」

「有什麼事我可以幫得上忙呢？」

「妳記得小君嗎？」腦海浮出那張黑黑乾乾的小臉，平常不是動手打人就是沉著一張臉悶不吭聲。

「當然記得！」

「我看她最近愈來愈消沉，心裡很擔心；我想，如果妳能特別撥出一段時間陪陪她，也許對她會好些？」

於是，星期一的早自習我就到班上把小君帶走了。

「小君，我看妳最近好像不太跟小朋友玩，是不是？」

「……。」

「小朋友常常欺侮妳嗎？」

「有時會。」

「不喜歡上學嗎？」老師曾經告訴過我，小君的作業老是不寫、考試也不會，小朋友覺得她會拖累了整組的表現，而沒有人願意與小君同組。

沒想到她卻回答說：「喜歡啊！」

我看她有些不耐煩，便問她：「妳想聽什麼故事？」

「妳可不可以說那個《永遠吃不飽的貓》？」

我記得那是一隻連主人、月亮、城堡都吃下去的貓的故事；我憑著片段的記憶，邊整理邊敘訴給她聽，她聽得是那麼專注、那麼投入，似乎掉進了那隻貓的世界裡……直到我說完了，她才輕輕的嘆了一口氣：「如果能把那些討厭的人都吃掉，那該有多好！」

「妳想吃掉誰？」

「所有的人。」

「譬如說？」

「小娟和阿輝！」她用力的把揉成一團的衛生紙丟在地上，咬著牙罵了一句：「去死好了！」才又說：「我每天一回家，他們兩個不是罵我、就是打我；煩都煩死了，受不了就給他們幾巴掌，打得他們哇哇大叫，伯母就立刻出來指著我的鼻子臭罵我欺侮她小孩，說我和我媽一樣都是壞胚子！還不讓我吃她煮的飯，我就自己煮飯、自己洗衣服；他們是全世界最可惡的人，我最討厭他們了！」小君緊握著拳頭，露出憤怒的目光。

「我恨死了我的家！我喜歡到學校來上課，在學校我還有一點快樂；在家裡爸爸動不動就打我，他老是說我只會給他惹麻煩！而奶奶又很囉嗦，一天到晚就說我媽是個壞女人，小時候不要我，現在我長大了才要回來帶我走，叫我不要被她騙了，還說她不是個好媽媽……。」

我錯愕的聽著這一連串可怕的故事，實在很難相信眼前這個三年級的孩子每天要面對如此不堪的生活？

心疼的伸出手想摟摟她，她卻警覺的把我的手架開：「每天要去聽伯母的責罵、奶奶的數落，小君心裡一定很難過，其實妳相信自己的媽媽一定不是像他們說的那樣，這之間可能有什麼誤會吧？」小君無奈的垂下頭。

「大人的世界有時候真的很複雜，要妳一個小孩子去面對這些事情，實在很辛苦，這樣的日子一定不好過吧？以後，每個星期一的早上，我都會在這兒等妳來，說故事給妳聽。如果妳心情不好時，我們也可以聊聊天、說說話，這樣妳說好不好？」小君露出了一個難得的笑容，高興的點點頭。

「世上只有媽媽好，有媽的孩子像個寶，投入媽媽的懷抱，幸福忘不了。」然而「寶貝」這個名詞似乎是——只有在媽媽的羽翼下才可能有的稱呼。

星期一早上，我興沖沖的抱著幾本童書到小君班上，卻撞見老師皺著眉頭的說：

「她又沒寫功課了！」

所以，在老師的目送下，小君抱著功課跟著我到輔導室去，她盯著一片空白的「國語習作」嘟著嘴遲遲不肯下筆。

「有不會寫的嗎？」她依舊愣愣的看著本子，動也不動。

「沒關係，哪一題不會說出來，我看看能不能幫妳。」

「真的嗎？」她露出難以置信的神情。「我不會的真的可以問妳嗎？」

我笑著摸摸她的頭說：「當然是真的，為什麼不能問？」

「可是，我在家裡就是不能問，奶奶她什麼都不會，如果被伯母知道我有不會的功課，她就罵我上課不認真，每天鬼混。晚上爸爸總是喝得醉醺醺的回家，問他問題他就大聲的吼著：『妳再說一次、再問一題，我就打死妳！』」

我實在很難想像，一個孩子要如何在這樣的家庭裡好好的長大。我忍住滿懷的氣憤與不捨，一題接著一題的慢慢教她；寫著、寫著空白的地方逐漸填滿，而這時上課鐘也響了，我告訴她：「回家寫功課時，先寫會寫的，不會寫的來學校再問老師，我想老師也會很樂意教妳的。」

送小君回教室之後，心裡一直記掛著她，不斷的考慮要如何幫她。直到假日我和孩子去逛書店的時候，一個念頭一閃而過：「對了！我可以買參考書給她。」

立刻去找老闆，「三年級的參考書放在哪裡？」

「全都撤櫃了！」原因是：都已學期中了，沒人要買了。我著急的向老闆表示無論如何一定得買到它！最後我拿出錢包，先付錢給老闆請他盡量想辦法，過兩天我再來看看……。

「小君，貓頭鷹要送妳一個禮物！」再一次見到她時，我笑盈盈的遞給她一包沉甸甸的袋子。

「這是什麼？」她有些錯愕的看著我。

「參考書啊！這樣妳回家寫作業不會的時候，就可以參考上面的解答啦！」

我把它從袋子裡拿出來，放到她手上：「這樣妳每天就可以好好的在家裡把功課做完，不用擔心不會寫了！」小君迫不及待的拆開包裝紙，一本又一本的翻閱著。

「是真的嗎？是真的嗎？這些都是妳要送給我的嗎？」小君緊緊的把書抱在胸前，淚水在眼眶打轉。

我仔細的教她如何使用這套參考書，她十分認真的聽著，並不時的讚嘆：「哇！習作上面的題目，這裡統統有，並且還有解答呢！」

看她這樣的興奮，我突然感到有些感傷；其實，我一向不主張讓孩子使用參考書的，我覺得那會養成孩子依賴「標準答案」的習慣，逐漸不願意嘗試「天馬行空」的思考模式。可是，面對眼前這個孩子，我除了提供參考書來協助她獨力寫作業外，卻再也想不出任何法子了……。

這天剛坐下，就看見小君喘著氣跑進來，「我的作業已經交給老師了，我今天可以好好的聽妳講故事啦！」

我一聽，高興的忍不住把她抱了起來：「太棒了！真的是太棒了！」

她不自在的從我的臂窩裡掙扎出來。

「喔，對不起！因為太高興了，所以忍不住的想抱抱妳，把妳給嚇著了吧？」

她聽了羞澀的笑笑。

「妳看，我今天帶來了幾本好看的書，要來講給妳聽呢！」

「哇！貓頭鷹，妳還帶那本《永遠吃不飽的貓》來耶！」眼尖的小君非常準確的抽出「她的最愛」來回的翻閱著。

「是啊！我覺得妳好像很喜歡這個故事，所以特別帶來給妳看。」當我說到「特別帶來給妳看」的這句話，小君臉上浮起了幾分尷尬的表情，我笑笑的看著她說：「更何況，我自己也想再講一遍給妳聽啊！」我們兩人一人一邊扶著書後，我就開始逐字的讀出來給她聽。

「哇！貓頭鷹，妳看，這圖畫得好美喔！」她拿起書仔細的端詳著書上畫的圖畫。我突然想起，老師曾經提過小君很喜歡畫畫。

「妳覺得它哪裡畫得最好？」

「它把大肥貓畫得好大，好好看！」

「嗯，真的耶！真是漂亮。妳知道嗎？它是由挪威的一個畫家畫的。」

「挪威？在哪裡啊？」

「在歐洲！來，我們來找找挪威在哪裡。」說完，我們就到地球儀上轉來轉去，最後，終於找到了。

「好厲害喔！那麼遠的書也跑到我們這裡來。」我笑著點點頭。

「妳喜歡畫畫嗎？」

「喜歡！」

「如果妳認真的畫，將來也許有一天，妳畫的畫也會跑到很遠的地方，讓外國的小朋友也看到妳的畫哦！」小君的眼睛閃過一道光芒，沉默不語。

「那以後有空我們也來畫圖，好嗎？」我提出進一步的建議。

「好！」

隔天，我帶了一本畫冊和一盒粉蠟筆到學校給她。

又是星期一，她一推開門就遞給我一張圖畫紙：「這張送妳！」

「畫得好漂亮啊！這是……？」

「拿書的這個人就是妳。」她笑瞇瞇的指著圖裡面的人。

「那坐在旁邊的小可愛就是妳囉！」她的眼睛彎得快要和嘴角碰在一塊兒了。

「妳真的很會畫圖耶！」我由衷的讚嘆著：「小君，我今天也帶了一些畫來給妳看。」我從皮包裡拿出了一疊「口足畫家」的卡片，一張一張的放在桌上。

「貓頭鷹，妳看這張畫得不錯耶！」

「小君，妳覺得這張怎樣？」我們兩個人認真的欣賞著，最後我展示出一張口足畫家們的實地作畫相片。

「哇！他們好厲害，居然連嘴巴和腳都能拿著筆畫畫！」單純的小君，並沒有察覺到任何異樣。

「妳仔細看，他們和別人有什麼地方不同？」

「咦？他們的手好像怪怪的！」

「他們是一些殘障同胞，有的是一生出來就肢體殘障、有的本來是四肢健全的，可是後來因為發生意外才變成這樣！」小君瞪大眼睛聽我繼續說：「但是，他們都是一些勇敢的人，他們不向命運低頭，努力的學習，即使是沒有手、沒有腳，也要用嘴巴來畫出他們生命的彩畫。」

「好佩服他們呀！」

「小君，貓頭鷹希望妳也能勇敢的克服家裡的問題，努力的學習，無論如何也不要放棄！好嗎？」我緊緊的握住小君的手，一字一句用力的說出來！

part 5
培養孩子的自信與獨立

相信孩子，放手讓他飛

別隨意剝奪孩子學習負責和自律的機會，只要你願意耐心的等待，其實孩子面對挫折的能力，遠超乎我們的想像之外……。

每週我都會固定到自己小孩的班上去講故事。每當我抱著故事書走過操場時，遠遠的就會有一大群孩子朝我用力的揮手，有的乾脆就跑過來，拉著我急急的向前走，說：

「貓頭鷹請妳快點，我們都在等妳耶！」我就在孩子們的聲聲呼喚、推拉中，嘻嘻哈哈的走進教室。

這時，經常會有一位愛心媽媽在教室裡掃地或在走廊上拖地，剛到校的孩子們總是書包一丟，就開始東扯西拉的玩鬧著，常常「嘩啦啦！」鉛筆、橡皮擦掉了滿地，卻不見半個人彎下腰去撿。

愛心媽媽拿著掃把在一旁邊罵邊撿，見到我來了就皺著眉頭對我說：「現在的孩子真是難教！」

我常勸她，不要把自己弄得那麼累，可以將工作分一些給孩子們來做。

「哎呀！才二年級掃不乾淨的啦！」就這樣，她每天不辭辛勞的掃著，可是，我每次一進教室，仍會在小朋友的桌腳椅下，看到那些沒人理會的文具在四處流浪。

有一天早上，正準備要說故事時，卻發現自己腰痠背痛，忍不住的說了一句：「背好痠喔！」沒想到全班的小朋友，都搶著要幫我捶背。

一個接著一個的跑到我後面來，頓時，講臺前擠得水泄不通，還有人因為捶不到我的背，而和別人吵架呢！我對這突如其來的「禮遇」有些受寵若驚，而小女兒僅在一旁掩嘴偷笑。

當我正想好好的「享受」之時，眼角的餘光瞥到那位正在掃地的媽媽，連忙向那些擠不進來的小朋友說：

「周媽媽好辛苦喔，你們也去幫她捶捶背吧！」

沒想到孩子們卻回答：

「讓周明去捶他媽媽的背就可以了！」一時之間，不知如何是好！我尷尬的謝過孩子們的美意後，便匆匆打開書本開始講故事了。

在回家的路上，早上的情景不斷浮現眼前，為什麼周媽媽每天如此辛勞的幫孩子們打掃，卻換不到他們的感激？這果真是群不知好歹的孩子？

對班上同學的行為，小女兒卻三言兩語的就交代清楚了：

「周媽媽每天來班上，都凶巴巴的罵我們這個、嫌我們那個；不像妳，每次都笑嘻嘻的講好聽的故事給大家聽啊！」

孩子在剛上一年級的時候，也許是需要家長到班上去幫忙清掃；但是，當孩子日漸長大時，家長如果還繼續的做下去，等於是在剝奪孩子學習負責和自律的機會；與其不斷的責罵，不如讓孩子自行去面對後果；相信他們的能力，只要你願意耐心的等待，等待他們在一次又一次的錯誤中找到正確的方向。

其實孩子面對挫折的能力，遠超乎我們的想像之外……。

幼兒能不畏懼無數次的跌倒而學會走路；倒是失去童心的我們，往往因沒有勇氣去承擔挫敗（即使是孩子的挫敗也不能），而限制了自己或孩子嘗試錯誤的機會。

記得有一位媽媽曾經向我抱怨她一天睡不到四個鐘頭，她說：

「每天晚上陪國一的兒子讀書到十二點，等孩子睡了之後得幫他核對作業，再替他整理好書包已經半夜二點多了，自己都快累死了！」

「不陪他？那他怎麼肯好好讀書；錯的地方，我不挑出來他是不會去注意的；書包，哎！他哪會好好的整理喲！」

「什麼？國中才這樣？哪有可能！他呀！從小我就得這樣一直盯著才行啊！」

原來這孩子的雙腳，從小就被媽媽「不相信」的布，緊緊的纏繞起來！纏得既瘦且小，終於成了二十一世紀的三寸金蓮啦！

讚美帶來成長、賦予力量

「兒子」似乎是延續「香火」的代名詞，然而，所要延續的，除了「香火」以外，或許還有更多上一代尚未完成的願望！

走在學校的走廊時，無意間碰到小琪的爸爸，小琪是我么女的同班同學，是個十分優秀的女孩——長得眉清目秀、能說善道，上學期還是班上的模範生呢！可是小琪的哥哥卻是個憂鬱寡歡、沉默內向的小孩，他也常來聽故事。

「貓頭鷹，謝謝妳，孩子們都好喜歡聽妳講故事！」

「我也很喜歡講故事給孩子聽，和他們在一起是很有意思的！」

「哎！真不知為什麼，這兩個兄妹的差別這麼大。」

「爸爸覺得哥哥的表現不夠好？」

「他老是縮頭縮尾的，不像妹妹個性開朗、人緣又好。平常我不太管小琪的，反正女孩子嘛！不必要求太多，沒想到她反而表現得比哥哥好多了。」

「平常爸爸管哥哥比較嚴？」

「嗯！男孩子啊！」他嘆了一口氣：「可是，卻不知道為什麼這孩子就是教不會。」

「哥哥在課業上的表現不盡理想？」

「不是的，他居然連數學難題都解得出來，憑這點就知道他的腦筋還不錯。」

「他真的很聰明！」平常碰到需要動動腦的時候，他總是轉的比別人快。

「所以我才更氣啊！」

「喔？」

「妳想，他這麼聰明卻考得這麼差，不是不認真上課，就是考試隨便亂寫！」他的音調愈來愈高亢：「每次一想到這就有氣，打他、罵他也沒用，好像故意在和我作對一樣，真是！」最後，還重重的吐了一口氣。

「像那天一大堆人聚在一起，小琪就大方的上去表演了一個節目；可是，她哥哥卻躲躲藏藏的，說什麼也不敢表演一下，真是沒用！」在我眼前不禁浮起了那對老是看著地上、小心翼翼的不讓別人碰見的眸子。

「爸爸有沒有想過，為什麼從來都不要求的小琪，總是表現得比哥哥好？」

「……。」

「平常很少責備小琪吧？」

「她很懂事。」

「是不是愈沒有期望的，愈容易得到肯定？」

「也許，她的空間比哥哥大許多……。」爸爸逐漸陷入沉思中……。

「好像愈得到讚賞的妹妹表現得愈好，而總是被責罰的哥哥卻表現得愈讓人不滿意？」

「我知道爸爸是望子成龍，恨鐵不成鋼！只是如果您的讚賞能造就一個女兒，我想也應該能成就一個兒子的。」

「妳是說小琪的好是我們稱讚出來的？」

「多少有一些吧！其實，哥哥一直很在意爸爸對他的看法。」

「喔？」

「您是不是曾經說過，他沒有大智慧卻有小聰明？」

「是啊！」爸爸有些不解我突發的問題。

「因為，有一天他問我：只有小聰明的人是不是很笨？」

「他怎麼會這樣說！」顯然爸爸很震驚。

「他說他是家裡最笨的人，所以常常被爸爸罵；他很羨慕爸爸抱著妹妹親熱的樣子！」

我看了小琪爸爸一眼，又說：「在他的心目中，爸爸似乎是遙不可及的；他渴望獲得您的肯定，讓他有往前走的信心，更希望能得到您的擁抱，要讓他知道您是愛他的，有如愛妹妹一般！」

給予孩子信任及支持

如果，小木偶的長鼻子魔咒，也會應驗在大人身上的話，大概所有的大人都會帶著一支長長的鼻子去求仙女原諒！仙女是不是也應該有另一種魔咒，就是當孩子說眞話，而大人不相信時，大人的耳朵也要變大！

推開「故事區」的小門，赫然發現一個孩子弓著身坐在裡面，我蹲了下去在他身邊輕輕的：「嗨！」一聲，埋在臂窩下的頭，緩緩的抬起。

「喔！阿修，原來是你啊！」

不料，他的兩行淚水簌簌而下，原本圓潤的可愛小臉在眼淚、鼻涕雙管齊攻之下，全都糊了！我連忙掏出一包衛生紙幫他擦拭乾淨，擁著他，讓他靠在我懷裡啜泣。

「想哭，就哭吧！我在這兒陪你。」過了好一會兒，他才逐漸平靜下來。

「想不想告訴貓頭鷹發生了什麼事？」

「今天早上爸爸給我五百元要交班費，可是，我卻把它弄丟了！」說到這兒眼眶又紅了。「爸爸如果知道了，一定會打死我的！」

我和阿修把書包裡的東西全倒了出來，仔細的再重找一遍，卻怎麼也不見蹤影。

「沒有啦！我完蛋了！」他焦慮的抓著頭。

「你不敢回去告訴爸爸說你把錢弄丟了，你想他會大發雷霆？」

「他絕對不會相信我說的。」他絕望的斷定。

「你試都沒試怎麼知道呢？」

他看著我篤定的說：「怎麼不知道！像上次我同學送我一個小玩具，被爸爸發現了，他就說是我偷家裡的錢去買來的，而且無論我怎麼說他都不相信，一直說我說謊，還一直打我。最後，我只好騙他說是挖『豬公』的錢去買的。妳看，我一說謊他就相信了，也不再打我了！現在我弄丟了五百元，真不知道要說什麼樣的謊話他才會相信，貓頭鷹妳快幫我想想嘛！」

我愣在那兒，半晌說不出一句話；直到阿修憂愁的聲音在我耳邊傳來：「這次如果沒有想出個好理由回去跟爸爸說，我一定會被他打死的，嗚……。」我才回過神，問：「上次你為什麼不打電話給你同學，請他告訴你爸爸實情？」

「妳想他會相信嗎？爸爸一定認為我們是串通好的，打去同學家，那不更慘……。」

聽著他無助的告白，心頭不禁陣陣酸痛，到底大人手中的那把「琢刀」是在琢出一塊美玉？還是琢出一塊劣石？

阿修這次不小心丟了錢沒有目擊證人，情況更不利於上次，在孩子處於低信用的狀況中，實在很難說服其父；最後依然想不出什麼好法子，只好親自出馬帶著他去向爸爸「說實話」。

下課時，我站在校門口等他，然後我們一起走路回家；一路上，他忐忑不安，不斷的問我：「妳確定他真的會相信嗎？他不會再打我嗎？」其實我一點也不確定，我只能確定，我會盡我所能的把我看到、聽到的事實，讓他爸爸知道。

「我家就在前面！」

一個男人就站在店門口，阿修囁嚅的叫了聲：「爸爸！」

「阿修爸爸，你好！我就是在學校講故事的那個貓頭鷹。」他也禮貌的與我寒暄了一下，接著，我便單刀直入的告訴他早上我見到孩子的情景，以及他丟錢的事，末了再強調：

「他一早哪裡也沒去就到圖書館來了，我看他慌成那個樣兒，應該不是騙人的，就請你原諒他吧！」

阿修爸爸狠狠的瞪了他一眼，說：「做事丟三落四的，連帶個錢都要丟！」阿修嚇得頭壓得更低。

「是啊！爸爸是希望阿修以後做事能小心一點。」我說：「阿修，對吧？」阿修連忙點頭。

「阿修爸爸，你們家阿修其實是很懂事的，事情跟他說清楚了他都會了解。」

「才沒有！他壞得很呢！經常都要打他才會乖一點，妳還沒真正看到他皮的樣子……。」我發現只要我說了肯定阿修的話，他爸爸就會馬上再找出更多的不是來否定我的讚美，本來牽著我的手的阿修也不知何時開溜了，不見蹤影；沒過多久我便起身告辭，回家去了。

隔天，又在學校遇到他，擔心的拉他到一旁去問：「後來，爸爸有沒有打你？」

他垮著一張臉，搖搖頭。

「怎麼啦？看你好像很難過的樣子？」

他咬了咬下唇，很認真的問我：「我是個壞小孩，對不對？」

不等我回答，自己又接著說：「昨天我爸爸不是說我壞得很嗎？不管妳怎麼說他還是覺得我不好；原來，在他的心目中我是個不折不扣的壞孩子！」再也按捺不住激動的淚水，像洪水般的決堤而出。

我陪著他蹲在陰溼的樹下，腳邊飄落著片片落葉，殘破的葉面依稀還遺留著昨夜風雨恣意摧殘的傷痕；我一邊檢視著落葉的傷口，心中一邊盤算著該如何讓他了解：我們這些大人們，是如何恪守著老祖宗「滿招損，謙受益」的庭訓，無時無刻的將它實踐在日常生活中，從不敢稍加懈怠。

只是，他明明是個疼愛孩子的父親，卻不懂得表達自己的愛；還要在別人稱讚自己的孩子時，努力的加以否定，好像生怕沾一句好話，就會落得貽笑千古、抬不起頭來似的；所以就拚命的找出任何一個小毛病，用來客套「謊言」一番，以符合「謙虛」的美德；殊不知這對一個一直得不到父親肯定的孩子而言，將是多麼殘酷的「真話」！

不預設立場的同理孩子

我們要聽的到底是孩子的眞心話？還是——要孩子說我們想聽的話？

說完故事整理好手邊的書籍正打算離開時，在門口巧遇幼軍的媽媽，她一見到我就笑盈盈的說著：「真的有效！真的有效耶！」

我不禁也被她那滿溢的快樂所感染，忍不住急忙的問：「什麼事有效？快說來聽聽！」

上星期幼軍生日時姑姑送他一個皮夾，裡面還附帶一百元的鈔票；隔天和媽媽到文具店花了五十元買貼紙、書籤，還剩下五十元就說要留在皮夾裡珍藏著；過了幾天吃晚飯的時候，被發現皮夾已是一毛不剩了，爸爸問他：「錢呢？」

「借給同學買美勞用具了。」

「真的嗎？」爸爸皺著眉頭質疑著。

沒想到幼軍嘴一抿，眼淚就掉下來了。

「沒事哭什麼哭？是不是說謊了？你說啊！」爸爸的眉頭皺得更緊。

隨著爸爸愈來愈嚴厲的追問，孩子的眼淚也愈流愈多。

媽媽在一旁看了十分著急，不禁也懷疑：「這孩子八成有問題，一定是謊話被揭穿了，才會哭成這樣子。」

又看著他只顧著哭，無論爸爸怎麼問就是不說話，實在是氣得直想揍人；可是突然又記起，上次才下定決心不再打孩子，而且還要試著站在孩子的立場去想孩子的心情啊！所以，也就只好悶不吭聲用力的思考著要如何以同理心看待孩子。

晚餐在沉悶而緊張的氣氛下草草的解決，幼軍離開了餐桌，就把自己關在自己的房間裡，不再出來；媽媽收拾完鍋碗瓢盆之後，端了一小盤水果，走進兒子的房間；一推開門就看見兒子傻愣愣的坐在床邊發呆，媽媽拉了張椅子靠過去，輕聲的說：「剛才爸爸那樣說你，你很難過？」

沒想到，媽媽一問，幼軍的眼淚便又嘩啦嘩啦的流出來，哭了好一會兒也說不出半句話，媽媽強忍住將要爆發的脾氣，也想不出要說些什麼才是「同理心的話」，只好拍拍他的肩膀說：「早點睡吧！」

第二天、幼軍早早就起床，吃完早餐後，媽媽就牽著他的手帶他去上學；走著、走著，兒子突然說：「媽媽，妳是相信我的，對不對！」他抬起頭認真的說：「那天，阿翔忘了帶美勞用具，他怕被老師罵，身上卻又沒帶錢，急得不得了。我看他可憐，所以才把錢借給他！」

「既然這樣，你為什麼不好好告訴爸爸，而要一直哭呢？」

「我說了啊！可是爸爸根本不相信，還一口咬定說我在說謊。」他委曲的低下頭，「我被爸爸冤枉，心裡好氣、好急，所以才哭的啊！」

「你可以告訴爸爸是阿翔借的，讓爸爸去問他，不就好了嗎？」

「才不要呢！那多丟臉，如果爸爸打電話去問阿翔，他一定會認為我是一個不被爸爸信任的小孩，也就是壞孩子，以後我在班上會常常被小朋友譏笑的！」

「……。」媽媽暗自捏一把冷汗，心想：「還好那天貓頭鷹要我不要急著去打罵小孩，而且還教我要怎樣去以同理心對孩子；雖然我想不出什麼話來跟孩子說，卻也因此而沒說錯什麼！否則我怎麼聽得到孩子的這番話？更糟的是，也許我還會跟爸爸一起傷心的以為自己養了個亂花錢、愛說謊的壞孩子，而氣得大打出手呢！」

說到這兒，幼軍媽媽若有所悟的說：「我們常常將大人的行為模式加在孩子身上去解讀它，而且還動不動就為他們扣上一個『說謊』的大帽子，以求尋得合乎我們邏輯的答案，逼得孩子離我們愈來愈遠，心裡有什麼話也不肯對我們說。我想我以後真的要先學學怎樣站在孩子的立場和他們說話，不再亂下判斷了。」

深秋的陽光，淡淡的灑在高高低低的雛菊上；兩個大人悠然的徜徉在校園裡，一起沉醉在「做孩子的朋友」的愉悅中！

尊重孩子的決定

當孩子心裡不願意時就會「拒絕」，如果我們能以「五錢」的「接納」再加上「五錢」的「等待」去入藥，也許就能治好此症！

「貓頭鷹等等我！」走在校園一角，王老師從後面氣喘吁吁的追上來。

「我班上有個小朋友，想送到妳那兒去聽故事好嗎？」

「嗯，目前星期三早上的小朋友比較少，可以再多一、二個無所謂！」

「真好！這孩子的人際關係不好，一天到晚跟同學吵架、打架，實在是傷腦筋。」

「老師一個人要帶這麼多孩子，真是辛苦了！」

「還好啦，只是面對這些問題一堆的小孩比較傷腦筋，沒辦法也只有做多少算多少了！」

王老師嘆了一口氣說：「其實這些孩子應該有特別專業的人來照顧他們，把他們放在這麼一個大班裡實在不適合……我真的沒有力氣好好的照顧他們，這樣對他們是不公平的。」

面對老師的真情告白，心裡不免有幾分的感傷，適性而教、給予孩子需要的教育不是我們孔老夫子一直在提倡的？為什麼經過了兩千多年反而做不到呢？

星期三早上，我坐在圖書館裡正準備講故事給小朋友聽時，發現王老師站在外面對我招手：

「對不起！我出去一下，待會兒再開始講好嗎？」

我低頭跟身旁的孩子交代之後，便闔上書本迎了出去。當我穿好鞋走過去時，發現一個小男生怯生生的站在她後面，一雙不安的眼神在衣角間慌亂的閃爍著，我彎腰向他打個招呼，他卻別過頭假裝沒看見。

「阿哲，她是貓頭鷹，會講許多好好聽的故事給你聽！你要乖乖的，知道嗎？」

王老師伸出手將他整個人從她的裙角後拉了出來，歪斜的褲子紮著一件說不出是什麼顏色，卻沾著各色汙漬的上衣；單薄的身子卻頂著一頭雜亂的頭髮。

「嗨！你好！」我友善的招呼著。

他依舊沒有回應。

王老師在我耳邊小聲的說：「貓頭鷹，他就是我說的那個孩子，一切拜託妳了！」說完，王老師就將阿哲輕推到我這兒，揮揮手，便快步的走出圖書館，趕回她的教室去了。

那位叫做阿哲的孩子，對如此倉促的安排顯然有些不知所措，低著頭看著鞋尖一動也不動。

「來吧！我們一起進去聽故事！」

我牽著他的手推開小門正打算要脫鞋進去時，他突然掙脫開我的手，兩手扳住門框，再外加一隻腳死命的頂在小門外，歇斯底里的大吼大叫：「我不要進去！我不要進去！」

這實在是我怎麼也想不到的場面，坐在裡面等著聽故事的小朋友也錯愕的張口結舌的望著如此誇張的演出；我站在一旁等他叫夠了，再蹲下來說：「進來聽故事好嗎？我說的故事很好聽喔！」

可是，他還是手、腳一起頂在小門框上，繼續的大叫：「我不要進去！我不要進去啦！」

僵持了一會兒，我問：「你怕一進到裡面會被我欺負？」他不理我，仍然大叫著。

「你是不是怕我會打你或罵你？」他瞪大著眼狐疑的看我，似乎在思索著我說這句話背後的含意。

我笑著說：「你害怕被我欺負是應該的，因為我們倆都不認識啊！可是，你的老師卻要你在我這兒聽故事。這樣有點麻煩……嗯，這樣好了！你就穿著鞋站在小門外面聽我講故事，不要進來；然後，你只要一發現可能會被我欺負時，立刻拔腿就跑；而我，人坐在裡面，還要跑出來穿好鞋子再去追你，是絕對追不上的；所以，你盡可以安心的聽啦！」

那天，阿哲就站在小門外面，戰戰兢兢的聽完故事；我完全不理會他，照常的和孩子們做我們平常做的事情。

第二週，他穿著鞋子坐在門口安靜的聽完故事。

第三週，他一早就來了，脫了鞋走到我身邊坐了下來，羞澀的對我說：「貓頭鷹，我來了！」

「真好，那你就坐在我旁邊，好嗎？」

我欣喜的拍拍身旁的空位，忍不住的拉著他的手說：「你進來坐這兒，我好高興喔！」

我用三週來換得一個孩子的信任，而一個孩子是用了多長的時間才放棄對大人的信任？

「愛」的神奇力量

緊隨不幸婚姻而來的，常常是一個個令人頭痛不已的小孩……。然而，如果大人能有較堅強和穩定的態度，帶著他的孩子一起面對困境、走過荊棘；那麼這樣的苦難對孩子而言，未嘗不是體驗眞實人生的珍貴機會。

小凱是個沉默寡言的孩子，平時來聽故事時，很少聽到他發表意見；他總是安安靜靜的抱著一隻泰迪熊，閃著他慧黠的眸子，入神的盯著我看，彷彿我的臉是一個舞臺，裡面進出著各種神氣活現的童話角色一般。

小朋友對他的小熊非常好奇，常常會把手伸過去偷偷的摸一下、抓一把；這時，他一定會非常生氣的大吼大叫，一反平常溫和的態度。「小氣鬼！」小朋友不甘示弱的出口反擊，他就會大打出手，像個小霸王般的凶悍。

月考那天，我一個人坐在圖書館等了好一會兒，也不見半個小朋友來；心想八成沒人來了，正要離開時卻看見小凱又抱著他的小熊，一晃一晃的走進來。

「小凱，你來了！」我喜出望外的叫了出來。

「是啊！」他莫名其妙的看著我。「怎麼啦？」

「你們今天不是要月考嗎？」

「月考？」他一臉的迷惑，使我突然想起現在的低年級並沒有月考。

「太好了！大家都去月考，只有我們兩個人在這兒看書。真享受！」我牽著他的手往回走，順手從書架上抽出兩本書。

「我們先來看這本《猜猜我有多愛你》（注8）好嗎？」

這是一本非常溫馨的書，兔媽媽不厭其煩的在《猜猜我有多愛你》中，一次又一次的告訴兔寶寶自己對他無盡的愛。小凱聽完傻傻的看著書，不知道在想些什麼。

「小凱！怎麼啦？」

「兔寶寶都有媽媽嗎？」

「嗯！」

「這個媽媽是他原來的媽媽？還是後來的媽媽？」

「小凱覺得呢？」

「我覺得是後來的媽媽，因為他原來的媽媽已經上天堂了！」

我聽了這話十分震驚，難道這就是這孩子的遭遇？

「而且這個後來的媽媽，每天都有說故事給他聽耶！」小凱興奮的說著。

我應著他的要求一遍又一遍的重讀這本書，直到上課鐘響，他才心不甘情不願的再抱著他的小熊回去上課。

走出大門時，一位女士迎面而來，「貓頭鷹妳好！我是小凱的媽媽。」我一愣。

「我從剛才就一直站在外面聽妳說故事，」她看我一臉吃驚的表情，繼續說：「對！我就是那個後來的媽媽，因為小凱三歲的時候，他的母親不幸在一次意外去世了。」她嘆了一口氣然後說：「我本來以為他會對妳說什麼，沒想到還是什麼都不講……。」

接著，媽媽告訴我有關小凱的故事：「在四年多以前的一次全家出遊中，小凱失去了他的母親和姊姊，從此以後他絕口不提此事，也不准任何人（除了他和爸爸）

去她們的墳前祭拜。爸爸上班時，小凱住在外婆家；等到爸爸放假的日子，小凱就抱著小熊和爸爸住在有爸爸、表哥、表姊的家；所有的人都帶著憐憫的目光，順著這個小孩，沒想到卻把他寵成一個『嬌縱的小孩』；輔導老師說，如果能夠讓他自己把那一天的事情說出來，對他可能會有很大的幫助。唉！」

「看得出來，妳是個非常用心的好媽媽，每天晚上陪著他並說故事給他聽，小凱剛才還說妳就是那個兔媽媽呢！」

「是啊！我剛才聽了覺得好窩心。」她的眼眶微溼。

看著小凱媽媽的背影漸行遠去，內心一陣暖意，我相信小凱有了這個「後來的媽媽」，種種的問題將會逐漸消失……。

學期又接近尾聲，小凱臉上的陰影也似乎隨著歡樂的聖誕節而開朗不少；那天聽完故事他穿好鞋後，突然偷偷的塞給我幾顆巧克力，說是給我的聖誕禮物，我高

興的將他擁入懷裡，「謝謝你！小凱，也祝你聖誕快樂！」我一抬頭發現小凱媽媽正站在場外笑著向我點點頭。

小凱抱著小熊跑去和媽媽說了幾句話，然後回過頭來大聲的對我說：「聖誕快樂！」就跑了出去。

「他最近的心情好像都很好！」我走到小凱媽媽的身旁遞給她一顆巧克力，自己也剝一顆塞進嘴裡。

「這孩子總算是走出來了！」小凱媽媽放下肩上的背袋，坐下來舒了一口氣，望著遠遠的操場娓娓道出：

那天晚上，爸爸打電話回來說公司加班要很晚才能回來。沒想到，小凱抱著他的小枕頭、小被子走到媽媽的房間來問：「我想跟妳睡，好嗎？」

「好啊！可是這張床好像擠不下三個人，怎麼辦？」

「沒問題，我睡地板好了。」

於是，媽媽和小凱找了一床墊被，將它舖好後，媽媽就陪著小凱一起躺在地板上睡覺。

「我想聽故事！」小凱輕輕的扯著媽媽的睡衣。

從結婚到現在短短一年多的時間，每天晚上的一個故事，已把媽媽所有知道的故事全挖光光了，媽媽絞盡腦汁也擠不出一個小小的故事：「唔……，今天可不可以休息一天？」

「拜託啦！只要一個，一個就好。」小凱抱著媽媽的脖子撒嬌的央求著。

突然靈機一動，「好吧！我就說一個不一樣的故事給你聽。」

「從前、從前，有一個小女孩，她……」媽媽說了一個自己最熟悉的故事給他聽，小凱入神的聽啊聽的……，「從此以後，那個小女孩就再也不怕黑了！」媽媽轉過頭，對他說：「好啦！故事講完了。」

小凱眨一眨明亮的雙眼，問：「那個小女孩就是妳，對不對？」

媽媽笑了笑就說：「現在該換你說給我聽啦！」

小凱沉默了一會，倏地轉過身去背對著媽媽，媽媽嚇了一跳以為又說錯了什麼，惹得他生氣；正在百思不解時，耳邊就傳來小凱稚嫩的聲音：

「從前、從前，有一個小男孩，他有爸爸、媽媽和一個可愛的姊姊。有一天，爸爸帶著他們全家和公司的叔叔、阿姨們一起出去玩。白天，大家到好多好玩的地方去玩，那個小男孩和他姊姊都玩得開心極了。可是，到了晚上，有人說要去坐船，爸爸、媽媽就帶著他和姊姊跟著大家一起上船去了！」媽媽瞪大雙眼，屏住呼吸一動也不動的聽著他的敘述。

「坐船，實在是一件很新鮮的事，小男孩高興的跑上跑下，怎樣也安靜不下來；後來，姊姊睏了媽媽就去陪她睡覺，可是那個頑皮的小男孩卻不願意乖乖的上床睡，『咚！咚！咚！』的就跑到上面去玩，媽媽只好叫爸爸跟著上去照顧他。」

這時，小凱的身子縮成一團，整個空氣似乎凝結在一起，他帶著顫抖的聲音接下去說：「不知為什麼，整艘船突然斜了過去，一下子小男孩就掉進水裡去了；他一直沉、一直沉……一雙大手一下子把他拉起來，是爸爸！是他的爸爸緊緊的抱住他，拚命的向前游去；這時，有好幾隻手突然從下面伸出來用力的拖住他的腳，小男孩死命的掙脫卻怎樣也甩不開；於是，他們又逐漸的往下沉……當小男孩覺得自己快被淹死的時候，爸爸使勁的一一踹開那幾隻像章魚一樣的手，他們倆拚命的划水、拚命的划水，才又浮了上來！

後來，爸爸幸運的抓到了一個救生圈，他一手抓著救生圈，一手抱著小男孩，而小男孩還是拚命的划水、拚命的划水，一直划，划到小男孩覺得好累、好累喔……才不知不覺的昏倒了，接著就什麼也不知道了。等小男孩醒來的時候，他已經全身溼答答的躺在地上，而他的媽媽和姊姊也躺在他的身旁，只是她們都死了，無論小男孩怎麼叫她們，她們都不再回答……。」說到這兒，小凱就忍不住的啜泣起來，媽媽從他的後面緊緊的摟著他，跟著他一起掉眼淚。那天晚上，媽媽和小凱兩個人就這樣相擁而泣了好久、好久。最後，他含著淚枕在媽媽的手臂上安詳的睡著了。

小凱媽媽一邊拭著眼淚，一邊說，而我在一旁聽著，也早已哽咽的說不出半句話來了……。

到底是什麼力量，讓這個連專家都束手無策的孩子，卻在一個睡前故事裡，勇敢的面對他生命中最痛苦的災難？眼前這位平凡的女性，是以什麼樣不平凡的愛，喚醒被孩子塵封已久的記憶？一個三歲的孩子能有多少的記憶？過了這麼多年，居然還能歷歷在目的仔細描述出來，那是在多少的惡夢中，一遍又一遍的反覆經歷？並且一直深深的刻印在腦海裡，無時無刻的折磨著這個孩子？

小凱媽媽擦乾眼淚，慢慢的說：「我因工作忙碌，錯過了適婚年齡，直到四十多歲，經朋友介紹而認識小凱的爸爸。剛開始，我好像是在和兩個男生約會一樣；常常一下班，遠遠就看見他們父子倆站在公司外面等著我，然後，我們三個人就一起手牽著手散步、去看電影。」

到底，這種「三人約會」會是怎麼樣的情境呢？

「那時，小凱的脾氣很壞，常常無緣無故的大哭大鬧，別人見了無不為我擔心；可是，我卻相信他是一個心地十分善良的小孩；因為，他一看見比他小的孩子跌倒了，就會立刻跑過去把人扶起來，若有人在一旁嘲笑，他還會很凶的罵對方，這點讓我很感動，所以，我相信他是一個很有愛心的小孩。

我們三個，就這樣子『約會』了一段時間，或許是小凱覺得他們倆每天要把我接來送去很麻煩吧？有一天我們三個人正在餐廳吃飯，小凱突然說：『我看你們倆乾脆結婚吧！』我這輩子絕對想不到我的『求婚』進行曲，竟然是出自於一個七歲的小男孩口中！」

哇，這種兒子替父親決定終身大事的經驗，我看也只此一家了。

「婚後，公婆就教小凱叫我媽媽；有一天，幫他洗澡的時候我問他：『你知道什麼是媽媽嗎？』沒想到他竟是一臉的茫然，我心疼的想，這孩子三歲就沒了母親，對「媽媽」當然是模糊的，於是，我就褪去我的衣服，拉著他的手放在我的胸前，溫柔的對他說：『「媽媽」就是有著兩個這樣的乳房，以她的乳汁來餵養她的嬰兒；「媽媽」就是有著和爸爸不同的身體，以不同的方式來擁抱、照顧她的小孩；「媽媽」就是有著比較柔細的皮膚，去碰觸、撫慰她的寶貝。』」

我有如在聽「天方夜譚」般的睜大著眼看她，我仔細的研究眼前的這位女士，記憶中，好像沒有這樣的「繼母」？經驗中，似乎也沒有這樣的情節？為什麼這位女士能夠改寫「繼母」的故事？是小凱太討人喜歡？還是……？

「一個孩子，從小就應該得到父母全心的呵護才能好好長大，可是，如果我們大人將『愛孩子』這樣的事情視為一種有條件的愛，只願意去愛自己親生的而排斥別人的孩子時；這些失去了母親或父親的小孩，如何在我們大人的『條件』下健康的成長？我既然決定要嫁給他爸爸、要當這孩子的母親，就要讓他實實在在的感受到被媽媽愛的感覺呀！」

現在，我才知道最近的小凱為什麼會變得不一樣，那是無關乎聖誕老人或是什麼禮物的；只是因為他有了這麼一個「不一樣的媽媽」，而這個「不一樣的媽媽」是用她整個人、整個心去疼惜這個孩子的啊！

「愛」在我們這個宇宙間，一直擁有著一股神祕的超能力；真心的去愛一個孩子吧！不只因為他有好的成績、長得討人喜歡而去愛他；愛他，只因為他是個孩子！愛他，只因為他是個需要人愛的孩子！

注8 《猜猜我有多愛你》：上誼出版

安撫孩子的不安與焦慮

如果妳的孩子問妳：「媽媽，妳愛我嗎？」妳的回答是什麼？是「愛啊！」，還是「即使有人拿全世界來交換你，我也不要。因爲你是我無可取代的最愛！」成爲大人心中的最愛，幾乎是每個孩子的心願。

寶貝遠遠的提著書包、水壺跑過來，車門一開立刻手腳俐落的跳上車；收音機電臺主持人的現場訪談，一下子被童稚的聲音所淹沒。方向盤倏地一轉，閃過右邊擠過來的摩托車。

「媽媽，小如妳認識嗎？」

「認識啊！她每週都會來聽我講故事。」轉回方向盤，拉開一部大賓士與自己擦肩的危機。

「妳覺得她怎樣？」

「還好吧！」按一聲喇叭，一隻在路中徜徉的流浪狗悻悻然的瞪我一眼，豎著尾巴離去。

「媽媽，那妳喜不喜歡她？」眼前浮現出那張如痴如醉的盯著我講故事的小臉。

「喜歡啊！」

「她很壞耶！常常罵人、打人。」

「我知道。」

「那妳還喜歡她？」

「他們只是沒有得到比較好的對待，心裡不快樂才會做出不好的行為，並不是本來就是這樣子的，如果……」正想大肆發表時，翹得老高的小嘴突然在眼角掠過，嘴角趕緊閉上，事情似乎不太簡單……。

「寶貝，怎麼啦？」沒想到，寶貝的兩行淚水一下子全湧了出來，我立刻讓車子在路旁緊急煞住。

「她每次看到我就罵我，今天我在等妳的時候，她還故意跑來用力的打我！」

寶貝的鼻涕眼淚糊得我衣服溼答答的。

我想起有好幾次在等寶貝下課時，小如總會跑來輕敲我的車窗和我聊天，直到寶貝拉開車門，才和她互道再見揚長而去。

小如欺侮我的寶貝？怎麼會這樣？

「妳居然還喜歡她！」

「哇！」的一聲，所有的委曲和憤怒一下子全宣洩了出來。混亂的交通加上心不在焉的對談，造成一場不可收拾的崩盤慘狀。緊緊擁著她，努力的同理著她的情緒；當嚎啕大哭逐漸轉成為抽抽噎噎時，我才說：

「現在那些會綁票小孩的壞人，媽媽是沒有能力去改變他們的。可是，那些喜歡罵人、打人的小孩子，如果大人能用『說故事』的方式，不再罵他們、打他們，只說溫柔好聽的話，讓他們重新感受到『被尊重』、『被愛』的快樂，甚至喜歡看書，也許他們以後長大了，就不會變成壞人，那我的寶貝就不用一天到晚怕被壞人欺侮啦。」

過了兩天，寶貝一上車又問我：

「你覺得我們班的老師最疼誰？」我偷偷的審視她，甜甜的小酒窩，在泛紅的臉頰上跳躍著；吃一次虧，學一次乖。

「妳說呢？」這次，我不再隨便掀牌。

「同學們都說老師最偏心，只疼我和小芬了！」滿滿的得意盪漾其中。

「媽媽，妳說老師最疼誰！」這小傢伙！非踩上雲端不可！

「我又沒和妳一起上課，怎麼會知道老師最疼誰；不過，我卻猜得出她最愛誰。」

「誰？」

「老師的小孩。」

「可是，他們都已經長大，在外國讀書耶！」

「那我都嫁人了，也不住在外婆家，你覺得外婆愛不愛媽媽？」

「那當然，她還更愛我呢！」

「可是我們又沒住在一起？」

「那有什麼關係，我是外婆的心肝寶貝耶！」一副幸福洋溢的樣子。

「所以我會猜，老師最愛的人一定是她的小孩；可是，妳的老師是個好老師，所以，她能夠以愛她小孩的心去疼愛她的學生。愛自己的孩子是本能，愛別人的孩子是一種能力。」我騰出一隻手，輕撫著寶貝的頭。

「這些年來，媽媽一直都在說故事給其他的小朋友們聽；一年又一年，一些孩子長大了、走了，一些孩子又進來了。對媽媽而言，這些孩子只有一個名字，就是『小朋友』，一個需要大人很多的愛和很多的包容去等待他們長大的小朋友。」紅燈，車子緩緩停下，我低頭親了親她的臉頰。

「而在媽媽的心目中，妳和哥哥、姊姊對我而言，才是深具意義、無人可取代的；因為，你們是我的最愛！」寶貝緊緊摟住我的脖子，「小如事件」總算落幕了！

part 6

引導大孩子
主動思考與溝通

為什麼要聽故事？

聽故事，只因大人想說，小孩想聽；無關乎聽不聽話、乖不乖！那是人與人之間，最單純的互動與分享！此時，彼此的心房全然的打開，一起隨著故事的流動，重新梳理自己的生命。

當我決定要接下高年級這個小團體時，心中其實有幾分的猶豫；到底面對這幾個已屆青春期的大孩子們，「說故事」這樣的事行得通嗎？

那天一大早，自己就坐在裡面等著；大約八點左右，門被拉開了；大搖大擺的走進幾個大尾的兄弟樣，我吸一口氣，面帶笑容的招呼他們圍個小圓圈坐下；一群人愛理不理的斜靠在牆角或乾脆躺在地上瞪著天花板。我一字一句仔細的對他們說：「我叫貓頭鷹，從現在起每個禮拜的今天，我都會來這兒讀故事書給你們聽。」

眼前的他們仍舊面無表情、冷冷的看著我。

「我想當你們老師特別點名要你們來這兒的時候，你們的心裡一定在懷疑：這絕對沒好事！聽什麼故事？大概是又要教訓、罵人一類的老套吧？」

我看著他們，認真的說：「我來這兒讀故事只有一個目的，那就是我想做你們的朋友。」

才剛說完話，就蹦出一句「噁心！」，看著他們暗藏不屑的神情，我不多加理會的繼續說：「我知道這是件奇怪的事，無緣無故的跑到這兒來，只為了讀故事給你們聽，還說要做你們的朋友！難怪沒人要信！也許，我說一些有關我自己的故事，大家就會比較了解一些吧？」

「我以前是一個愛聽故事的小孩，很小很小的時候我的母親天天說各式各樣的故事給我聽；直到上小學、中學，媽媽還是一樣，繼續的一直說。每年寒、暑假，我都會離開臺北回到鄉下去住，那裡有一個滿腹經綸的祖父，也會說經書的故事給我聽。我永遠記得阿公在滿天的星空下，說著一個又一個故事的美好畫面！無論是聽媽媽說故事，還是阿公說經書故事，這些都讓我覺得幸福無比！因為，聽故事的時候，沒有指責、沒有比較；什麼是非對錯，在一瞬間全都跳到故事裡面去了，不再與我相干！」

「那是我記憶中最甜美的時光，一個大人每天固定的為你說故事，不是因為你乖還是不乖，只是因為你想聽他就說給你聽，這麼單純的原因而已！也因為這麼單純，才令我一生難忘。」

我停了一下，低聲的說：「雖然阿公早已去世了，但是我希望其他的孩子們也能像我以前一樣，有一個大人願意單純且認真的為他們說故事；尤其是說給平時不易聽到故事的孩子們聽，我不知道你們家裡有沒有一個愛講故事的大人，不過，我們可以每個星期到這兒來聚在一起，聽聽別人的故事，說說自己的心情，你們覺得好嗎？」在場的孩子們沉默不語。

「好了！我已經說了一大堆的話了，卻都還不認識大家！現在可不可以換你們來告訴我自己的名字呢？」

幾個孩子扭扭捏捏的笑著推來推去，一個坐在中間黝黑壯碩的男孩友善的回應了我：「我叫阿強！從來都沒有人說故事給我聽過啦！所以，我不知道聽故事會怎樣；不過，也許滿好玩的。」接著，其他的大孩子們，也逐一的和我打招呼。

「你可以叫我小虎，因為，我一生起氣來就像老虎一樣凶！所以，女生最怕我了！」小虎假扮了一下老虎發威的樣子，而他那逗趣表情立即鬆弛全場的氣氛。

「誰怕你了！小心我修理你！哼！」立刻跳出一個不以為然的聲音。

「啊哈！小燕出招了！」幾個紛紛起鬨。

突然，一個女孩子帶著幾分靦腆，怯怯的問：「貓頭鷹，妳今天可以為我們說個故事嗎？」

「當然可以！這就是我今天來這兒的目的啊！」我立刻從包包裡拿出早已準備好的書；「不過，如果不喜歡聽可要告訴我，讓我知道你們喜歡什麼，好嗎？」

「沒問題！」大家異口同聲爽快的回答。

我翻開第一頁，心情愉快的準備要朗讀這本早已準備好的書籍，一雙雙炯炯有神的眸子，認真的看著我，我專注的朗讀著，希望能透過我的聲音，讓文字傳導出去，讓他們體驗生平第一次的聽故事經驗。

那天，整個說故事的活動，進行得出乎我意料之外的順利！YA！

與孩子彼此尊重的互動

青春期的孩子們，正值邁向獨立的階段，她們需要被聽見，更需要被尊重；但，尊重，需要雙向。因此，我以退爲進，並秀出我的底線，讓她們知道如何在彼此尊重的界線上互動。

今天，我要為國中八年級生朗讀少年小說！

目前，與協會合作的學校大都是小學，難得有此機會；故帶著兩位志工：一位剛上完協會的培訓課程，一位在小學講了多年的少年小說來觀課。

經該班導師與協會多次討論後，我們這學期將每週一次為她班上——十四歲的女學生，進行閱讀課。

什麼樣的書，能吸引十四歲少女的目光？什麼是這些半大不小的孩子有興趣的

內容？而且是一群沒有閱讀習慣的大孩子們！

節奏要明快，文字量不能太多！

情節要犀利，掙脫大人為主述！

於是，我選擇《巧克力戰爭》（注9），這本描寫兩個不同性格的孩子，因不甘被大人「誣賴」，向大人啟動兩種截然不同的「戰爭」，最後由大人認錯收場；用它來開啟這些大孩子「聆聽」的耳朵，我估算其勝算的機會應是大的。

就這樣，我拿著這本書跟導師一起站在講臺，導師對著全班學生說：「這位是貓頭鷹協會的創辦人，李苑芳老師，我特別邀請她每週都到班上來為妳們說故事……」

孩子們一聽到「說故事」三個字，全班不約而同的發出：「吼！」的聲音。一張張青春年少的臉，瞬間垮下，有的皺眉，有的翻白眼，有的甚至狠狠的丟一句：「無聊！」後，就直接趴在桌上。

我向導師點點頭，輕聲說了句：「換我來！」，導師如釋重負般的走下去。看來這班學生，真的讓她有點頭痛呢！

我一人站在講臺，看向全班學生後，笑著說：「我相信同學們現在一定覺得很莫名其妙，心想：『這個老太太是怎樣，腦子有洞嗎？難道沒看到我們已經長大了，還要來講什麼故事？她有沒有搞錯啊！當我們是幼稚園的小朋友嗎？真是夠了！』是不是？」話一說完，感受到臺下一張張緊繃的臉，略為鬆緩下來。

接著，我轉身在黑板上寫上貓頭鷹親子教育協會，以及我的姓名。

「我是一個從小聽媽媽講故事長大的人，我母親只要一讀到或看到讓她感動的事，她一定會講給我聽。我覺得聽人講故事，很快樂也很幸福。我在二〇〇〇年創辦了這個協會，希望能影響更多的人願意說故事給孩子聽，更希望讓更多的人，都能享受聽故事的幸福滋味。」

我略作停頓後，又說：「妳們老師為了紓解妳們的壓力，特別邀請我來讀故事給妳們聽。不過，我們卻沒有先徵詢妳們的同意，就擅自決定了。這是我們的疏失，真的很抱歉！我先在這兒，跟妳們說一聲對不起！」說完，我深深向臺下鞠躬道歉，臺下學生愕然的看著我。

「唉，我們這些大人總是拿著『為妳們好』當藉口，自作主張的替妳們安排這、安排那！都沒先問問妳們想要什麼？讓妳們感到很不舒服，很不被尊重，這真的很糟糕。」同學們的眼神，慢慢的緩和了下來。

「不過，說真的，當我接到妳們導師的邀約時，我真的很開心；因為，這讓我回想起從前那個年輕的自己；那時的我，最愛在夜深人靜的時候聽廣播，聽著主持人低沉的嗓音，聽著、聽著，一顆浮躁的心就安定了下來。

所以，我希望我的朗讀，也能舒緩同學們的課業壓力；雖然，這件事一開始我和老師沒有處理好。不過，妳們可不可以給我一個機會，讓我為妳們朗讀一次，妳們也好好的體驗一下『聽別人朗讀』的滋味。等到上完課，大家可以再來舉手表決，決定以後要不要繼續上這堂課。如果，大家都不喜歡，從此以後，我絕不會再來打攪大家。這樣好嗎？」孩子們良善的同意我為她們朗讀看看。

為了獲取最大的勝算，我提議：「為了讓大家對未來是否要繼續上這堂課的決定，有更精準的研判，可否請大家先清空桌上的東西？」我按兵不動，耐心的等待，慢慢的，桌上的雜物逐一清空。

除了坐在中間的一位女學生，她桌上堆著一大堆資料，全然不理會，自顧自的低頭寫字。

「同學，可以麻煩妳把桌面清乾淨嗎？」

「這是我老師交代我做的事！」她頭也不抬，冷冷的把話丟回來。

「老師，請問您，允不允許讓這位同學好好上這堂課，晚一點完成您交代的工作？」我轉身閃過這顆硬球。

導師走到那位同學身邊，溫和的請她把東西收好。

接下來，就傳來「乒乒乓乓」的聲音。

「這位同學，真的很抱歉，委屈妳了！很謝謝妳的配合。」

接著，我拿出書本，把書名、作者、出版社都寫到黑板上，「這本書，我早已看過了！」一顆變化球緊接而來。

「太好了，妳還記得這本書的內容嗎？」沒有回答。

「沒關係，讀過又忘記，也是常有的事。不過，雖然已經讀過，但應該沒有聽過別人讀給妳聽吧？那就請妳體驗一下，聽讀的滋味，好嗎？」還是安靜無聲。

於是，我就拿起這本《巧克力戰爭》，跳過前言，直接進入充滿張力的第一章，那是描述「吵架」的內文。

就在我邊朗讀邊與孩子互動中，下課鐘聲突然響了起來。我闔上書本，問：「妳們希望我再來班上為妳們朗讀嗎？」

全班的孩子都舉起手來，包括那位坐在中間的孩子。

「下次還要繼續聽我讀這本書嗎？」全班的手再次舉起，包括那兩位曾經看過書的孩子。

下課時，曾經看過書的一位女孩，走到我身邊，說：「用聽的比用看的，有趣多了！」

我微笑著說：「是啊，我知道！」

我和兩位觀課的志工，快步走出學校川堂，站在一棵大樹下。

「呼，這堂見習課，收穫超多的！」新科志工邊走邊說。

「喔，是嗎？」

「我發現，以退為進這個策略真的很好用！」

「是啊，不只這樣，妳剛柔並濟，踩穩底線，營造一個專心上課的氛圍後，再開始進行閱讀課。」服務多年的小雪，一語點出關鍵點。

我笑著說：「妳們真的很厲害，我的招數全被妳們看得一清二楚！這些青春期的孩子們，正值邁向獨立的階段。我想，她們需要被聽見，更需要被尊重；但，尊重，需要雙向的。因此，我秀出我的底線，讓她們知道如何在彼此尊重的界線上互動，就這樣順利的完成了這堂課。」

「我想，我知道我應該如何跟孩子們互動了。」新科志工聽完後，若有所思的說著。

我們一行人，各有所獲的邁著輕快的步伐離開校門。

下週，繼續朗讀《巧克力戰爭》這本書，接下來，故事將進入孩子準備向大人宣戰的章節，我想像著學生對該情節的熱烈反應，心情愉悅的期待著它的到來……。

注9 《巧克力戰爭》：小魯出版

和孩子一起多方思考

自二〇〇二年開始，我和貓頭鷹協會的志工每週帶著書本踏進少年矯正機構，試圖透過朗讀青少年小說，重燃孩子「翻閱書籍」的動機；更期待能進一步引領孩子從中獲得以不同視角看待事情的機會。

這幾週，我帶著《嗑藥》（注10）這本總共卅二章節，每章以其中的一個角色作為主要發聲者，也就是「第一人稱」表現方式，來闡述青少年們各自陷入毒癮的歷程，我以敘說和逐字朗讀的方式，交錯進行著。

上週上完課離開前，主管搖著頭說：「這些孩子就是學不會！只要誰對他們好一點，他們就為他們兩肋插刀；唉！每次都是被那些人利用罷了……」

回家後，我再次翻閱著這本書的第三章〈塔爾〉和第四章〈史考利〉；這兩章分別以剛離家出走的青少年塔爾和菸草店老闆史考利作為主要的講述者。作者在這本書剛開始不久，就如此細膩的描寫塔爾和這位菸草商的互動，是希望讓讀者看到什麼呢？

這天，我再次走進層層鐵門，到主管那兒簽到完，就直接走進上課的班級。「起立、立正，敬禮。」、「老師好！」等我和學生互相鞠躬，打完招呼後，班長照慣例的端上一杯手沖咖啡過來。

我啜了一小口，嗯，濃郁香醇！我忍不住的再次稱讚他們沖泡咖啡的功力，男孩們微笑著。

低頭抽出《嗑藥》，打開昨天貼上標籤的地方，問：「你們還記得上週我讀到哪裡嗎？」孩子們三三兩兩的回應著，還不錯，有在聽喔。我把這章節重新講述一下，讓全班同學都能跟上腳步。

「這週，我想跟你們聊聊這個作者的寫作動機。因為，我一直在想作者為什麼要在這裡安排這樣的情節？為什麼他要先讓我們讀到塔爾眼中的『史考利』；然後在下一個章節，再進入『史考利視角』的部分？」教室一片寂靜，沒人答腔。

瞬間警覺到自己竟用「外星人語言」跟孩子們對話，我立即切換過來：「我的意思是說，你們覺得『史考利』是好人還是壞人？」

「好人！」後面的高個兒同學，很給面子的回應。

「還可以啦！」坐在中間的同學也附和著，場面稍微回溫。

「史考利做了什麼，讓我們覺得他是好人呢？」我添了點柴火。

「他請塔爾吃免費的巧克力啊！」

「還幫他找到一個可以住下來的地方，很不錯了啦！」

「你們都說對了，他看起來好像對塔爾真的很不錯耶！」立即正面肯定同學的回饋。

「來，我再來為大家念一下這一段，讓大家聽聽這個史考利是怎麼對塔爾好的。」我拿起書本，慢慢的再次逐字朗讀：

「……滿有禮貌的孩子，這也是我願意幫他的原因之一。……他是我有生以來第一個想幫助的小孩。……第一次見到他時，我給了他一些零錢，順便問他知不知道自己在做什麼？……我給了他幾條巧克力棒，……這孩子好像沒目標，……你只要看過他，你就會知道他是一個你叫他做任何事，他都願意的人。你會有那種感覺，如果不對這孩子伸出援手，恐怕他會誤入歧途的。

我拿了一包菸給他，『抽菸嗎？』

『謝謝你，我不抽菸。』

『以後你就會了。』」

我停下來，就在我喝咖啡時，臺下突然有人說：「他不是個好人！」

「喔？」

「幹嘛拿菸給塔爾抽。」

「蛤？請他抽菸，就不是好人？」他們都不抽菸嗎？

「嘿，塔爾還未成年耶！」我差點嗆到。未成年？這裡面的孩子不都是未成年嗎？

突然，教室裡熱絡了起來，臺下你一言、我一語的此起彼落……。

「之前明明說塔爾是他有生以來第一個想幫助的小孩！」

「而且還說如果不對塔爾伸出援手，他就會誤入歧途。」

「可是，卻還拿菸要他抽？太奇怪了！」

「很矛盾耶……。」

「壞蛋！」

「虛偽的傢伙。」

「壞人。」

同學的回應，一個比一個激烈。

「可是，在塔爾的眼中，史考利是個什麼樣的人？」我找了個縫隙，插話進去。

「好人！」孩子憤憤的回答。

「唉，幫他找到棲身之所，很好的人！」另一個，無奈的說。

「咦？所以，塔爾所感受到的，竟然和你們所看到的，有很大的出入耶！」我試圖拉高孩子的視野。

「他就笨啊！」

「沒出社會啦！」

「太單純了，不知人心險惡啦！」看來，透過逐字朗讀的方式，果然讓孩子們

「聽到」作者故意埋下的細節。

「可是，為什麼我們可以看到史考利的『真面目』，而塔爾卻看不到？」我再次提問。

「就是個沒見世面的傻瓜咩！」

「不過，我覺得我有時候也常常會看錯人耶！明明看起來是個好人，後來才知道，根本不是那回事。唉，看來我也是個傻子。」

「婆婆，是妳人太好了！」

幾個孩子跟著點頭，直說：「是啊，是啊。」一句句暖心的安慰。

我端起杯子，輕啜一口，微笑著說：「你們人真好。」

「我們能夠這麼清楚的看到真相，是不是因為作者讓我們讀到『史考利』的想法？可是，在前面那一章，我們只讀到塔爾的觀點，那時，就連我們也覺得他是個好人呢！」孩子們再次沉默。

「史考利是不是很像是我們在外面遇見的『社會人士』？這些人，因為種種關係跟我們相遇、互動；他們看起來真的像是個好人，我們遇到困難時，他們會慷慨的給錢、給巧克力，甚至給住的地方……。不過，也有可能是一個心口不一的人，不能信任的人，就像史考利一樣，可能也是個要設防的人呢！

作者在這本書裡故意安排這麼一個角色，或許就是想讓我們看到，我們在外面可能會遇見的『人』的『樣貌』。」接下來，我朗讀史考利為了幫塔爾找一個住的地方，帶著塔爾去找理查。

作者先描寫史考利認為理查霸占空屋是違法的，並對他的行徑表現出不屑的樣貌，再交代史考利早就知道理查有在吸大麻。

這次孩子已不像上次以「聽故事」的心態再次聽我的朗讀了，他們清楚的看到：這個說要幫助塔爾的大人，卻把一個力勸他人遠離菸害而堅決不抽菸的塔爾，帶到這麼一個是非顛倒的處所！

最後，當我念到史考利先表示不同意強占他人財產，但卻又表現出：「不過，我倒是因為查理霸占電器行而撈到一臺全新的電視機。」這種行徑時，孩子們忍不住大罵：「太噁心了！」

「說一套做一套，有夠假仙！」

「這種人最壞了。」

我嘆了一口氣，接著問：「這些，塔爾應該都不會知道吧？」

「他又沒有讀心術，怎會知道史考利心裡在想什麼。」一個坐在第一排的孩子悻悻然的回應。

「所以，婆婆才會看不清那個看起來對我很好的人，傻傻的把他誤認為好人。」

「對啊！這種人太會假裝了！」

「通常，我們在外面看到一個對我們好的人，很容易就會認為他是值得我們信任的，甚至還會為他兩肋插刀！」

「就是啊！被騙了都不知道。」

「這次婆婆跟大家一起把這兩章重新再讀一遍後，發現：人性，常常比我們想像得還要複雜，要下任何決定之前，務必要先仔細的評估清楚才去做，這樣才不會做錯決定。」

當我把書蓋起來，跟孩子們互道再見後，慢慢的走出矯正機構。我不知道孩子們在聽我朗讀時，有沒有聯想到任何與「史考利」相似的角色；我也不知道孩子們是否從此能辨識出像「史考利」這種心口不一的人？

我只希望，透過這堂課，能讓孩子知道：眼睛看到的，不一定是真的；不要輕易被遊說去做任何對自己不利的事！每件事情都有不同的面相，要學習從不同視角去觀察，才能看清楚誰才是真正對自己好的人。

注10《嗑藥》：小魯出版

以閱讀引導孩子情緒控管

根據這二十多年在少年矯正機構服務的觀察，發現裡面的孩子許多都是因爲打架鬥毆而進來的。這些從小處於暴力家庭的孩子，較易延續童年經驗，長大後成爲施暴者；他們若能在生氣時，學習管控好自己的情緒，不任意的以語言或肢體暴力宣洩出來，或許就能降低這些孩子再次進來的機率。

閱讀，總能讓我們在不知不覺走入故事，帶我們體驗不曾經歷過的人生，看到一個不同過往的新觀點或新方向，或許能讓我們重新檢視自己的行為模式，改變自己的未來。面對這群沒有閱讀習慣的大孩子，我的「朗讀」應是引領他們進入文字世界，唯一的一條可行的路徑。

《那又怎樣的一年》（注11）的故事充滿了暴力與衝突，其間細膩的描寫一位身處暴力家庭，十六歲青少年道格的生命故事；期待藉由我的聲音，帶著他們走進這位也來自低功能家庭的十六歲青少年道格的生命故事。

我把書籤插在道格的母親開始打包家當，準備要搬家的這一個段落；這短短的一段，卻十分巧妙展現出其父母的互動方式，相信這樣的模式應能引起這班男孩許多共鳴吧？

「我媽試著貼上標籤，維持一點秩序，比如說，放在廚房的箱子，就用來裝所有的廚具；下壁櫥旁的箱子，用來裝床單、枕頭套和毛巾；至於樓下門邊最堅固的那些箱子，則用來裝我爸的工具和雜物。」

我念了這一小段後，抬起頭問：「哇，你們覺得這個媽媽做事有效率嗎？」

「很不錯喔！」第一排的孩子很給臉的回應著，每週固定進班與他們互動，熟稔些，也多了些情分。

「東西分得好清楚呢！」隔壁的那位也幫腔了。

一起頭，就贏得兩位同學的力挺，我精神百倍的往下讀：

「可是，我爸把樓下門邊的箱子裝滿之後，就開始把一些像是螺絲起子、板手和老虎鉗等的東西丟進裝盤子的箱子。」我刻意把「裝盤子的箱子」這幾個字慢慢的念出來，以便讓人聽得特別清楚。

念完這段後，問：「這位爸爸把螺絲起子、板手和老虎鉗丟進去箱子裡，會發生什麼事呢？」

「盤子都碎啦！」第三排的孩子抬起頭，不耐煩的回答。

「你們覺得，如果你是這個媽媽，你會怎樣？」

「賞他兩巴掌！」坐在後面的高個兒，帥氣的伸出手，咻咻的左右甩兩下。有人站起來邊表演『過肩摔』，邊說：「給他死！」全班笑得東倒西歪。

我笑著看他們玩完了，再念：「他隨手一扔，就扔到了一疊盤子上，即使聽到盤子碎了，也懶得查看一下。但我媽看了。她把那疊用報紙包好的盤子拿出來，緊緊抱在懷裡好一會兒……」

「這裡說他爸爸『即使聽到盤子碎了，也懶得查看一下。』是在暗示著他爸跟他媽的關係是怎樣呢？」

「爛透了。」

「他爸根本不鳥他媽！」

「接下來說：『我媽看了。她把那疊用報紙包好的盤子拿出來，緊緊抱在懷裡好一會兒……』這意味著這些盤子對他媽媽而言，代表著什麼樣的意義？」

「很愛的。」

「很珍貴的東西！」

「所以，他媽媽此刻的心情應該是？」

「很難過！」

「很生氣！」

「想揍人！」

「可是，他媽媽卻沒像你們說的，給他爸爸兩巴掌，為什麼？」

「可能會被他老爸回打十巴掌！」終於有人道出真實人生。

「會被海扁吧！」

「所以，他媽媽是一個『識時務』的人是吧？」打鐵趁熱，我引領著孩子們一起近距離觀察故事角色的行為。

「或許她以前被他爸打過？」一個瘦巴巴的孩子低聲說道。

唉，這也是這孩子的經驗談嗎？

「很可能吧。所以，他媽媽知道，在這種情境下，若不忍讓，恐怕會招惹更多的災難，只好吞下，是吧？」後排幾個高個兒男生露出不以為然的樣子。看來，出拳洩憤，應是他們的選項。

「很多時候，會遇到『情勢不利』的狀況，在那時，我們如果硬是要把我們的不爽發洩出來，非但不能好好的教訓對方一頓，恐怕自己反而會吃大虧呢！就像你們說的：『被海扁一頓。』是吧？」

「落人來打！」後座的男生發言。

「君子報仇，三年不晚。」他們紛紛提出各種反撲策略。

「嗯、嗯，不過，這個媽媽卻是『把那疊用報紙包好的盤子拿出來，緊緊抱在懷裡好一會兒。』跟我們想的都不一樣耶，你們覺得她為什麼這樣做？」

「她覺得很捨不得吧！」

「沒錯，很捨不得。只是，我覺得除了不捨之外，她或許是在跟它『告別』；

這個媽媽透過這個行動來紓解她『失去』的難過。」

我環視一下孩子們，繼續說：「這位媽媽很清楚自己需要先平撫自己的情緒，才能往下走。因此，她透過這個儀式與她心愛的盤子『告別』，藉以平復自己的情緒；而不是選擇無助的哭泣或憤怒的打罵，陷自己於不利之地！」

「所以，她的盤子就白白的被摔喔！」右後方一位後腦勺像是被削掉一角的男孩忿忿不平的說。

「唉，我們不是也常常都會遇到這種無可奈何的事嗎？像昨天，我小孫子就把我母親遺留下來的茶杯敲到桌子，缺了一小角，他才兩歲，我能怎樣呢？」

「打他屁股啊！」

「可是再怎麼打，也不能把那破掉的杯子給打回來。這就是人生啊！很愛的留不住；不愛的，偏偏強留在我們身邊！」

「就像是我們一點也不想進來，卻都進來了！」坐在前面的孩子斜著眼似笑非笑的說著。坐在他隔壁的孩子撇撇嘴，翻了翻白眼，嘿嘿的冷笑。

看來，如何用「非武力」的方式，來處理「生氣」的情緒，是需要再花點力氣跟他們多聊聊的。

「很無奈是吧！不過，我們若能事先想清楚：『什麼是我們最不想要得到的結果？』然後，再盡量避免去做那些會產生那種結果的事情，也許真的就可以避免掉耶！就像這個媽媽，當下她雖然很『不爽』，可是她更不想『被揍』，對吧？因此，她先處理自己的不捨與傷痛，穩住自己的情緒，不讓自己因為情緒失控，而徒生是非。表面上看起來她好像是個弱者；可是，你們不覺得，她才是那個真正的掌控者？她掌控了自己的命運。」我說完後，孩子緊繃的臉，也慢慢的鬆下來了。

「接著又像丟垃圾一樣的丟回箱子裡。因為它們現在的確是垃圾了。」

「咦？那不是她最心愛的東西嗎？怎麼把它給扔了？」我問。

「就已經碎了，不丟掉，還能做什麼！」孩子悻悻然的回應。

「是啊！就像你們說的：既然已經碎了，就把它給丟了吧！而不是讓自己陷入悲情，難以自拔。」

臺下一張張年輕的臉龐，若有所思的聽著，或許他們的腦海裡，正在重播過去幾幕「孰可忍，孰不可忍」的畫面？或許，心中也正出現一些有別於過去的行動吧？

故事中這位看似柔弱的媽媽，為孩子展現一種用「非武力」的行動，來安置「生氣」；也讓孩子們看到：不隨便發洩「生氣」的情緒，能夠好好的控管情緒的人，才是「強者」。因為，那種人能掌控局面，更能掌控自己的命運。

「也是，都碎掉了，就丟了吧！」前排的一個喃喃自語的說著。

「是啊，那些不堪回首的過去，就像碎掉的盤子一樣，就把它給丟了吧！讓我們重新去面對新的未來，一個可以掌控的未來吧！」

這時，下課鐘響了。

在「謝謝老師，老師再見！」聲中，我也深深的跟孩子們鞠躬道謝，謝謝他們對我的信任，謝謝他們願意跟我一起談這麼多。

我相信這個故事，一定會帶給他們一些力量，為了自己的未來，練習管理好每次的「生氣」。

注11 《那又怎樣的一年》：小天下出版

態度，決定人與人如何互動

人生，沒有預演，只有一次機會，走錯了，就全盤皆輸。閱讀，讓我們能透過別人的故事，事先演練一遍，想好對策，做好準備，等事到臨頭或許就能夠避掉地雷，順利的朝著我們想要的方向走去，以免，一步錯，步步錯得到我們不想要的結果。

人們總希望獲得別人的尊重，也希望自己所愛的人，能獲得親人們的愛護。可是，要如何做才能達到這樣的結果呢？

還是先從閱讀下手吧，從他人的故事中，看到自己的問題，再從中調整腳步，這個最安全，最無害了。

上週，我帶著孩子們透過《那又怎樣的一年》這本青少年小說，看到主角母親在搬家打包的段落中，是如何處理「情緒控制」的部分。接下來，就描寫到這位極不尊重妻子的父親的朋友厄尼，與他母親的互動。這一段，十分精準的描繪出，人與人之間，是如何微妙相互影響，你的一舉一動，在在牽引著他人與你伴侶的互動。

因此，這週我還是帶著這本書，為這些大男孩朗讀接續下去的段落；希望能讓孩子們事先為自己與伴侶的相處，做一些準備。

我喝著孩子剛端上來的熱咖啡，問：

「你們喜歡我上次讀給你們聽的那本書嗎？」

「還可以啦！」

「那我這次繼續念下去，好嗎？」

「隨便。」

哈哈！非常標準的青少年回應方式：還可以、隨便。

「太好了，那我就繼續讀下去。這個故事來到道格家開始打包的第三天。他爸爸的朋友厄尼開著卡車到他家，準備幫忙載運他家的家具、行李到新家去：我媽把她種在小園子裡的植物也挖了出來，用盆子裝著，澆了點水，想帶上車。可是，厄尼說車上沒空間了；就算有，它不知道什麼時候來個急轉彎，這些盆栽就會倒下來，把車子弄髒。」

「這會兒，他媽媽開始在打包她種的植物了！你們知道她為什麼還要把移植到盆子裡去的植物，『澆了點水』？」

「澆了水之後，盆子裡的泥土才會比較扎實。」一個常常蹲在花圃工作的學生回答。

「是喔，所以，他媽媽真的是一個會事先做好周全準備的人耶！她上次在裝箱時，也是『試著貼上標籤，維持一點秩序』。你身邊有這樣的人嗎？」

跟少年輔育院（現已改制為「少年矯正機構」）的孩子對話時，總會刻意避免說：「你媽媽」或「你爸爸」。畢竟，誰都不想要在這「龍蛇雜居」的地方，暴露個人的隱私吧！

「有啊，我以前有一個老師，超龜毛的；什麼東西都要編號，還要照順序排好、放好。」

「所以，你覺得這種人，做事情可靠嗎？」

「超可靠的，這種人做什麼事都安排得妥妥當當的。」

「可是，他爸爸的朋友厄尼卻不這樣認為；他不相信她能夠把盆栽處理妥當。所以，他說：『這些盆栽就會倒下來，把車子弄髒。』你覺得，厄尼說這句話的意思是什麼？」

「他不讓主角的媽媽把盆栽放在車上。」

「如果你是厄尼，你會用這種口氣對你朋友的伴侶說話嗎？」

「不會吧，這樣感覺很衝，很沒有禮貌！」

「如果你用這種態度對你朋友的伴侶，你的朋友會有什麼樣的反應呢？」

「可能就揍我一拳吧！一定會很不爽的！」

「那你們覺得，人在什麼情況會這樣跟他朋友的伴侶講話呢？」

「欠揍的時候！」全班哄堂大笑！

等大家安靜下來後，我問：

「如果你朋友有一隻狗，每天都寶貝得把牠抱在懷裡，你看到那隻狗跑到你腳邊，你會踢牠一腳嗎？」

「白目喔，不會啦！」

「不過，如果你看到你朋友每次動不動就踢這隻狗幾腳，那你會不會哪天心情不好，也順便踢牠一腳？」

又是一陣大笑，笑聲中，有人說：「鐵定會的啦！」

「這就叫做『打狗看主人』啊！」他隔壁的孩子接著說。

「所以，如果你經常讓你家人或好朋友看見你在罵你女朋友，你覺得他們會對你女朋友怎樣？」臺下一片默然。

「你比較喜歡別人怎麼對待你的伴侶？」

「好好的講話。」

「要有一點起碼的禮貌啦。」

「如果，你希望你的家人或朋友好好的對待你女朋友，你覺得你應該要怎麼做呢？」

「不要在別人面前隨便罵她！」

「是啊，我們從這一段落發現，絕不能在你親朋好友面前，直接批評、責罵你的親密愛人；他們才不會看輕她，像厄尼一樣，用輕蔑的語言或態度對她說話。」這些孩子，若有所思的聽著。

「就像你們剛剛說的：『打狗看主人』！我們要別人怎麼對待我們身邊的人，端看我們如何對待他；這些親朋好友對他的態度，大都取決於我們與對方的互動方式。你把他擺在第一位，大家對待他的方式，就不敢太離譜；否則，就難講了。」

臺下的孩子，一個個安靜了下來。許多婆媳問題，最重要的關鍵人物往往是居中的那位男主角；這複雜的人際關係，藉由這段文字的展現，細膩的帶著他們近距離觀察人與人之間，幽微的牽引與互動。

國家圖書館出版品預行編目資料

不只是說故事：喚醒孩子的內在力量/李苑芳著；顏銘儀繪.
-- 初版. -- 臺北市：幼獅文化事業股份有限公司, 2022.08
面；　公分. -- (工具書館；17)

ISBN 978-986-449-269-5(平裝)

1.CST: 親職教育 2.CST: 說故事

528.2　　　　　111009498

・工具書館017・

不只是說故事——喚醒孩子的內在力量

作　　者＝李苑芳
繪　　者＝顏銘儀
出 版 者＝幼獅文化事業股份有限公司
發 行 人＝葛永光
總 經 理＝王華金
總 編 輯＝林碧琪
主　　編＝沈怡汝
編　　輯＝白宜平
美術編輯＝李祥銘
總 公 司＝(10045)臺北市重慶南路1段66-1號3樓
電　　話＝(02)2311-2832
傳　　真＝(02)2311-5368
郵政劃撥＝00033368

印　　刷＝崇寶彩藝印刷股份有限公司
定　　價＝320元
港　　幣＝106元
初　　版＝2022.08
書　　號＝986298

幼獅樂讀網
http://www.youth.com.tw
幼獅購物網
http://shopping.youth.com.tw/
e-mail:customer@youth.com.tw

行政院新聞局核准登記證局版臺業字第0143號